나 혼자 간다!
여행 독일어

나 혼자 간다! 여행 독일어

초판 1쇄 인쇄 2018년 2월 20일
초판 1쇄 발행 2018년 2월 23일

지은이 김새미
펴낸이 서덕일
펴낸곳 문예림

출판등록 1962.7.12 (제406-1962-1호)
주소 경기도 파주시 회동길 366 (10881)
전화 (02)499-1281~2 **팩스** (02)499-1283
전자우편 info@moonyelim.com
홈페이지 www.moonyelim.com

이 책은 저작권법에 의해 보호를 받는 저작물이므로 무단 복제·전재·발췌할 수 없습니다.
잘못된 책은 구입하신 곳에서 교환해 드립니다.

ISBN 978-89-7482-887-5 (13750)
값 14,000원

나 혼자 간다!
여행 독일어

김새미 지음

문예림

머리말

일러두기

- 독일어 한글 독음은 최대한 원어 발음과 가깝게 표기하려고 노력했습니다.
- 분리동사는 분리전철과 본동사 사이에 마침표(.)를 찍어 구분하기 쉽도록 표시하였습니다.
- 마지막 철자가 t로 끝나는 어휘의 한글 독음은 ㅅ/ㅌ/ㄷ 중 원어발음과 유사한 자음으로 표기하였습니다.
- -en으로 끝나는 어휘의 기본 독음은 '-엔'이나, 최대한 원어에 가깝게 '-엔'과 '-은'을 구분하여 표기하였습니다.
- 장음은 한글 독음에 하이픈(-)으로 표시하였습니다.
- 목적어는 3격 목적어와 4격 목적어를 구분하여 표시하였습니다. (3격: Dat. / 4격: Akk.)
- 어휘 설명 부분에서 명사의 성(der, die, das)은 한글 독음을 표기하지 않았습니다.
- 독일어 명사의 복수표기법(Plural)은 '독일어 기초(18쪽)'에 명시하였습니다.

독일은 9개 나라와 국경을 접하고 있는 나라로 지리, 무역, 외교면에서 매우 중요한 위치에 있습니다. 또한 바흐, 베토벤, 바그너 등 세계적인 음악가들을 배출한 나라로, 오스트리아와 함께 음악을 공부하는 학생들이 선호하는 대표적인 나라입니다. 실제로 과를 차치하더라도 성공적인 독일 유학생활을 위해 독일어는 매우 핵심적인 부분입니다. 대입과정에서 독일어 실력이 당락을 좌우하는 경우가 많기 때문입니다. 특히 기초단계인 A1~B1 단계를 공부하는 학생들이 이 책을 예습·복습·응용용으로 자유롭게 활용한다면 많은 도움을 받을 수 있을 것입니다.

일처리나 사회의 변화 속도가 빠른 우리나라에 비해 독일의 일처리는 다소 느린 편입니다. 그러나 독일 사람들은 대체로 여가와 휴가, 그리고 가족과의 시간을 매우 중시하고 또 이것을 타인에게 방해 받으려 하지 않기 때문에 기관의 일처리가 늦는 것쯤은 자연스레 받아들이며 사는 것 같습니다. 독일에서 느림을 여유로 받아들이고 생활한다면 오히려 나와 내 주변 사람들에게 집중할 수 있는 시간을 많이 가지게 될 것입니다.

저에게 독일은 난생 처음으로 왔던 외국이자 지금은 생활의 터전이 된 곳입니다. 이 책을 쓰면서 독일 땅에 처음 발을 내딛었을 때와 유학시절을 자주 떠올렸습니다. 당시 제가 직접 겪었던 어려웠던 점, 간단한 정보지만 쉽게 알 수 없었던 부분들을 최대한 이 책에 담으려 노력했습니다. 또한 독일과 독일어에 대한 배경지식이 없는 여행자라도 쉽게 접근할 수 있도록 구성하였습니다. 이 책으로 인해 독자 여러분들께 독일이 더 이상 낯설고 따분한 유럽의 어느 나라가 아닌, 가고 싶고 더 알고 싶은 나라가 되었으면 하는 바람입니다.

2018년, 김새미

차례

독일어 기초 **010**
독일 지도와 연방주 **028**
화폐와 숫자 **030**
교통수단 **032**
음식 메뉴 **036**

1 기본표현

인사하기 **042**
생생여행팁 인사말 | 독일이 궁금해 호칭과 격식체

자기소개하기 **048**
생생여행팁 주의할 대화 주제 | 독일이 궁금해 아우스빌둥 시스템

주말 계획 묻기 **054**
생생여행팁 검표원을 만난다면? | 독일이 궁금해 독일의 날씨

취미 묻기 **060**
생생여행팁 가장 오래된 장난감 가게 | 독일이 궁금해 독일인의 취미

2 공항

비행기 체크인 하기 **068**
생생여행팁 독일의 공항 | 독일이 궁금해 독일의 고속기차

좌석 변경 요청하기 **074**
생생여행팁 택스 리펀 | 독일이 궁금해 관광안내소

입국심사 받기 **080**
생생여행팁 비자와 체류 기간 | 독일이 궁금해 오스트제

분실한 물건 찾기 086
생생여행팁 물건을 잃어버렸을 땐? | 독일이 궁금해 슈바르츠발트

3 호텔

호텔 체크인 하기 094
생생여행팁 숙소 정보 알아보기 | 독일이 궁금해 독일의 문 손잡이는 장식?

룸서비스 이용하기 100
생생여행팁 호텔 셔틀버스 | 독일이 궁금해 호텔 미니바 폐지

불만 제기하기 106
생생여행팁 독일의 맥주 순수령 | 독일이 궁금해 독일인의 약속 개념

호텔 체크아웃 하기 112
생생여행팁 보덴제 | 독일이 궁금해 독일인은 구두쇠?

4 관광·쇼핑

관광안내소 이용하기 120
생생여행팁 화장실이 급할 땐? | 독일이 궁금해 재활용 시스템

마트·백화점 이용하기 126
생생여행팁 영수증 읽기 | 독일이 궁금해 장바구니

기차 예약하기 132
생생여행팁 기차 예약 정보 확인하기 | 독일이 궁금해 전통주 슈납스

고속버스 이용하기 140
생생여행팁 내 버스 확인하기 | 독일이 궁금해 독일의 고속버스

5 식당

예약하기 148
생생여행팁 물은 유료 | 독일이 궁금해 독일의 소시지 '부어스트'

음식 주문하기 154
생생여행팁 독일의 식사 빵 | 독일이 궁금해 독일의 디저트

카페에서 주문하기 160
생생여행팁 식품성분, 영양정보 표시 | 독일이 궁금해 독일의 유기농 식료품

계산하기 166
생생여행팁 독일의 팁 문화 | 독일이 궁금해 독일의 배달 음식

6 병원

병원 예약하기 174
생생여행팁 독일의 병원 분류 | 독일이 궁금해 독일의 공보험

진료받기 180
생생여행팁 응급 시 병원 찾기 | 독일이 궁금해 의사가 취미를 물어본다면?

약국 방문하기 186
생생여행팁 약국 이용 | 독일이 궁금해 독일에서 가장 오래된 약국은?

7 관공서·은행

거주등록하기 194
생생여행팁 전입 신고와 전출 신고 | 독일이 궁금해 관청 대기시간 줄이기

엽서 보내기 200
생생여행팁 국제우편 규격별 가격 | 독일이 궁금해 소포가 독일에 도착하지 않으면?

계좌 개설하기 206
생생여행팁 ATM 용도 확인하기 | 독일이 궁금해 카드 혹은 비밀번호 분실 시

8 거주

부동산에 문의하기 214
생생여행팁 독일의 건축 형태 | 독일이 궁금해 주택 매물 탐색하기

이사할 집 둘러보기 220
생생여행팁 집 광고 읽기 | 독일이 궁금해 집 구할 때 체크리스트

이사 계획하기 228
생생여행팁 이사하기 | 독일이 궁금해 집 계약서 작성하기

9 이웃관계

이웃 방문하기 236
생생여행팁 이웃과의 교류 | 독일이 궁금해 무언의 약속, 하우스오드눙

갈등 해결하기 242
생생여행팁 하우스마이스터 | 독일이 궁금해 아침식사 배달 서비스

수리 요청하기 248
생생여행팁 자전거 자유투어 | 독일이 궁금해 주차장에 이름표가?

공휴일과 축제 254
대사관 및 비상연락처 256

독일어 기초

① 알파벳과 발음

독일어의 알파벳은 21개의 자음과 8개의 모음으로 구성된다. 기본적으로 영어의 알파벳 모양과 발음이 매우 흡사하지만, 자음 중 ß('에스체트'라 읽는다. 기본 자음 수에는 넣지 않는다)와 머리 위 점 두개 Umlaut(움라우트)가 있는 모음은 영어에 없는 글자다. Umlaut는 A, O, U에만 붙을 수 있으며 발음이 달라지니 유의해야 한다(Ä ä, Ö ö, Ü ü).

a, ä, e, i, o, ö, u, ü 모음에는 장·단음 규칙이 적용된다. 모음 뒤에 자음이 두 개 이상 나올 경우 해당 모음을 짧게 발음한다. 반면 모음 뒤에 자음이 하나 나올 경우, 같은 모음 두 개가 중복될 경우, 모음 뒤에 h가 올 경우에는 모음을 길게 발음한다.

단음 예시: B**all** 발(공), B**ett** 베트(침대)
장음 예시: f**a**hren 파-렌(탈 것을 타고 가다), L**e**ben 레-벤(생활, 생명)

A a [a, 아]	Tante 탄테(이모, 고모), Abgabe 압가베(제출), Banane 바나네(바나나)
Ä ä [ɛ, 애]	März 메어츠(3월), Kälte 켈테(추위), Käse 케제(치즈)
B b [b, 베]	Bär 베어(곰), Boden 보덴(바닥), Bruder 브루더(남자형제)
C c [tse, 체]	[k] 한글의 'ㅋ'처럼 발음한다. Cola 콜라, Comic 코믹(만화책) [s] 한글의 'ㅅ'처럼 발음한다. Center 센터 [ts] 한글의 'ㅊ'처럼 발음한다. Celsius 첼시우스(온도), Circa 치르카(대략)
D d [de, 데]	[d] Dom 돔(대성당), Dampf 담프(증기) [t] d가 어미에 올 때만 해당된다. Abend 아벤트(저녁), Bild 빌트(사진, 그림)

E e [e, 에]	Welt 벨트(세계), geben 게벤(주다), Ende 엔데(끝)
F f [ɛf, 에프]	Formular 포뮬라(서식), Funktion 풍찌온(기능), Freiheit 프라이하이트(자유)
G g [ge, 게]	[g] Glas 글라스(유리잔), genau 게나우(맞는), gigant 기간트(거대한) [k] g가 어미에 올 때만 해당된다. Tag 타-ㅋ(날, 낮), Zug 추-ㅋ(기차) 자음 중 b, d, g는 어휘의 끝(어미)에 올 때 파열음으로 변하여 p, t, k처럼 강하게 발음한다. [ç] 한글의 '히'처럼 발음하며 주로 'ig'형태로 어미에 온다. ledig 레디히(미혼의), mutig 무티히(용감한), fertig 페어티히(끝마친)
H h [ha, 하]	Haus 하우스(집), Hilfe 힐페(도움), Hundert 훈데르트(100) [묵음] gehen 게-엔(가다), fahren 파-렌(탈 것을 타고 가다)
I i [i, 이]	Kino 키노(영화관), international 인터나치오날(국제적인), Inland 인란트(국내)
J j [jɔct]	Juni 유니(6월), Jungs 융스(소년), Jäger 예거(사냥꾼)
K k [ka, 카]	Kabel 카벨(전선), Kälte 켈테(추위), Kenya 케니아(케냐)
L l [ɛl, 엘]	Laut 라우트(소리), Lachen 라흔(웃음), Lineal 리네알(자)
M m [ɛm, 엠]	Mut 무-ㅌ(용기), Meinung 마이눙(생각, 의견), manuell 마누엘(수동의)
N n [ɛn, 엔]	Name 나메(이름), Nomen 노멘(명사), Nase 나제(코)
O o [o, 오]	Onkel 옹켈(삼촌, 숙부, 백부), Dose 도제(깡통), Sohn 조-온(아들)

Ö ö [ø, 외]	hören 회렌(듣다), Lösung 뢰중(해결책), öfters 외프터스(자주)
P p [pe, 페]	Punkt 풍크트(점, 지점), Plakat 플라캍(팜플렛), Patient 파찌엔트(환자)
Q q [ku, 쿠]	[kv] Q는 단독으로 올 수 없으며 항상 'Qu'의 형태로 나오고 [kv](크브)로 발음한다. Quelle 크벨레(원천, 출처), quer 크베어(가로질러서), Quiz 크비츠(퀴즈)
R r [ɛr, 에르]	Roman 로만(소설), Rose 로제(장미), Radio 라디오
S s [ɛs, 에스]	[s] 한글의 'ㅅ'처럼 발음한다. Glas 글라스(유리잔), Fenster 펜스터(창문) [z] 한글의 'ㅈ'과 비슷하지만 목청이 울리게 발음한다. 주로 어휘 첫 글자에 나올 때의 발음이다. Sonntag 존탁(일요일), Saft 자프트(쥬스), Sonne 존네(해)
T t [te, 테]	Titel 티텔(제목, 학위), Tasche 타쉐(가방), Tal 탈(협곡, 계곡)
U u [u, 우]	dunkel 둥켈(어두운), Turm 투름(타워), Umzug 움축(행진, 이사)
Ü ü [y, 위]	gegenüber 게겐위버(맞은편에), Glück 글뤽(행운), Frühstück 프뤼슈튁(아침식사)
V v [fau, 파우]	[f] Volk 폴크(민족), Vater 파터(아버지), viel 피-일(많은) [v] Klavier 클라비어(피아노), vage 바게(모호한), privat 프리밭(사적인)
W w [ve, 베]	Wagen 바겐(차량, 수레), wollen 볼렌(~할 것이다), warten 바르텐(기다리다)
X x [ɪks, 익스]	[ks] Taxi 탁시(택시), Textil 텍스틸(면직물), Text 텍스트
Y y [ypsilɔn, 윕실런]	[y] Mythos 뮈토스(전설, 신화), Lyrik 리륔(서정시), sympatisch 쥠파티쉬(호감가는) [j] Yoga 요가

Z z [tsɛt, 체트]	Zahn 차-안(치아), Zebra 체브라(얼룩말)
ß [ɛstsɛt, 에스체트]	우리말 'ㅆ' 발음과 유사하다. Fußball 푸쓰발(축구), Soße 소쎄(소스)

② 모음조화

ai, ay, ei [ai, 아이]	Hai 하이(상어), Bayern 바이에른, Ei 아이(계란)
au [au, 아우]	Augen 아우겐(사람 눈), Ausland 아우스란트(외국), Mauer 마우어(장벽)
ie [iː, 이 / ɪə, 이에]	Spiegel 슈피-겔(거울), rieseig 리-지히(거대한), Familie 파밀리에(가족), Asien 아시엔(아시아)
eu, äu [oi, 오이]	Freude 프로이데(기쁨), heute 호이테(오늘), Mäuse 모이제('생쥐' 복수형), Säule 조일레(기둥)

③ 자음조화

	[ç] Chemie 혜미-(화학), monatlich 모나트리히(매달), China 히나(중국)
ch	[x] 한국사람들에게 낯선 발음 중 하나다. 목구멍 뒤 연구개를 긁듯, 'ㅋ'과 'ㅎ'을 한번에 발음 한다고 생각하면 된다. Kuchen 쿡흔(케이크), auch 아훅흐(또한), machen 막흔(~를 하다) * ch는 a, o, u, au뒤에 올 때만 '[x]흐'로 발음한다.
	[k] Charisma 카리스마, Charakter 카락터(성격, 특징)
	[ʃ] Chef 쉐프(직장 최고상사, 우두머리)

dt, th	[t] Theater 테아터(극장), Theke 테케(카운터), Therapie 테라피(치료) * 영어의 번데기 발음 [θ]과 헷갈리지 않도록 주의한다. 독일어는 번데기 발음이 없다.
ng	[ŋ] fangen 팡엔(잡다), gelingen 게링엔(이루다, 성취하다), Finger 핑어(손가락)
pf	[pf] Apfel 앞펠(사과), Topf 톱프(냄비), Pflanze 플란체(식물) * p와 f를 모두 발음하되 p는 입모양만 보일 정도로 짧게 발음한다.
ph	[f] Physik 피직(물리학), phänomenal 페노메날(비범한)
qu	[qv] Quelle 크벨레(샘, 원천), bequem 베크벰(편안한)
sch	[ʃ] Tisch 티쉬(책상), Asche 아쉐(재), Fisch 피쉬(생선) * 영어의 sh와 같은 발음이다.
ss, ß	[s] vergessen 페어게쎈(잊다), vermissen 페어미쎈(그리워하다), groß 그로쓰(큰), Fuß 푸쓰(발) * 우리말 'ㅆ'같이 발음한다.
tsch	[tʃ] Deutschland 도이칠란트(독일), matschig 마취히(질척한), Tschechien 췌히엔(체코공화국)

독일어는 기본적으로 라틴어 알파벳을 그대로 발음해주면 되므로 Umlaut를 제외하고 기타 발음기호, 강세나 부호가 없다. 만약 단어에 강세 표시가 있다면 프랑스어 등 외래어일 확률이 높다. 발음은 한번 길들여지면 고치기 어렵다. 그러므로 독일어 발음이 비교적 단순하다고 해서 한국어 독음에 의존하거나 자의적으로 발음하지 말고, 반드시 청취와 병행하여 처음부터 올바르게 학습하도록 한다.

④ 인칭대명사

영어에서 인칭대명사의 첫 글자는 언제나 대문자로 표기하는 것과 달리, 독일어에서는 이 법칙이 적용되지 않는다. 즉 인칭대명사가 문장 중간에 오면 첫 글자는 소문자로 써야한다.

독일어 인칭대명사는 문장에서의 역할에 따라 총 세 종류로 올 수 있다. 1인칭 주어 역할(~은, 는, 이, 가), 3인칭 목적어 역할(~에게), 4인칭 목적어 역할(~를)이다. 완벽히 한국어 구조와 일치하지 않지만, 기본적으로 이처럼 대칭 시켜서 기억하면 이해하기 쉽다.

	단수 인칭대명사					복수 인칭대명사			존칭
	나	너	그	그녀	그것	우리	너희	그들	당신
1인칭 (주어 역할)	ich	du	er	sie	es	wir	ihr	sie	Sie
3인칭 목적어 (~에게)	mir	dir	ihm	ihr	ihm	uns	euch	ihnen	Ihnen
4인칭 목적어 (~을, 를)	mich	dich	ihn	sie	ihn	uns	euch	sie	Sie

* 존칭(Sie)의 첫 글자는 인칭대명사 '그녀(sie)' '그들'(sie)'과의 구분을 위해 문장 중간에 위치하더라도 첫 글자를 언제나 대문자로 써야 한다.

예 Ich treffe sie. → 나는 그녀를(혹은 그들을) 만난다.
　Ich treffe Sie. → 나는 당신을 만난다.

5 명사의 성

눈치가 빠른 독자라면 독일어 알파벳 발음 페이지에서 눈치 챘겠지만, 독일어 일반명사의 첫 글자는 항상 대문자로 쓴다. 문장 중간에 오더라도 예외 없이 언제나 대문자로 써야 한다.

예) Ich spiele klavier. (×)
Ich spiele Klavier. (○)
→ Klavier(피아노)가 명사이므로 첫 글자 대문자 표기.

Meine mutter mag eis. (×)
Meine Mutter mag Eis. (○)
→ Mutter(어머니)와 Eis(아이스크림)이 명사이므로 첫 글자 대문자 표기.

독일어의 모든 명사는 남성, 여성, 중성 중 한 가지 성을 갖고 있다. 성에 따라 관사가 다르다. 명사를 인칭대명사로 대체할 때에도 성에 주의해야 한다. 성의 분류 방법에는 완벽한 규칙이 없으므로 기본적으로 유추가 가능한 명사 이외에는 모두 암기해야 한다.

	남성	중성	여성	복수
1격 (주어로 쓸 때)	der	das	die	die

▶ 명사의 성 구분법

❶ 자연에서 유래된 성은 그대로 둔다.

der Vater (아버지) → 남성
die Mutter (어머니) → 여성
die Tochter (딸) → 여성
der Sohn (아들) → 남성

❷ -ung, -keit, -heit로 끝나는 명사는 대부분 여성이다.

　　die Umgebung (환경)　　　die Zeitung (신문)
　　die Perönlichkeit (성격)　　die Sicherheit (안전)

❸ 외래어에는 중성과 여성이 많다.

　　die Cola (콜라)　　die Kamera (카메라)　　das E-Mail (이메일)
　　das Telefon (전화)　das Handy (휴대폰)　　das Café (카페)
　　das Radio (라디오)

* 명사의 성 구분법에는 언제나 예외가 있을 수 있으니 항상 확인 후 암기할 것.

6 명사의 격

명사는 문장 내 동사에 따라 총 네 가지로 격변화 한다. 명사를 학습할 때, 기본적으로 1격을 기준으로 암기하되 나머지 2, 3, 4격도 함께 떠올려야 한다. 한국어에 대조분류 하면 2격은 '~의'로 해석되는 소유격, 3격은 '~에게'로 해석되는 여격, 4격은 '~을, 를'로 해석되기도 한다. 그러나 모든 동사에 이러한 한국어 해석이 맞는 것이 아니기 때문에 동사마다 몇 격을 목적어로 갖는지 정확히 확인해야 한다.

아래는 명사의 격변화 표이다.

	남성	중성	여성	복수
1격 (주어로 쓰일 때)	der	das	die	die
2격	des	des	der	der
3격	dem	dem	der	den
4격	den	das	die	die

예 Ich habe das Buch. 나는 그 책을 갖고 있다.
> → haben(가지다) 동사는 4격 목적어를 가진다. 중성명사 das Buch의 4격은 das Buch이므로 여기서의 das는 1격이 아니라 4격이다.

Ich begegne der Frau. 나는 그 여자와 마주친다.
> → begegnen(마주치다) 동사는 3격 목적어를 가진다. 여성명사 die Frau의 3격은 der Frau이다.

▶ 독일어 명사의 복수형(Plural)

독일어 명사는 복수형이 될 때, 명사의 성과 함께 크게 네 가지 형태로 변한다.

❶ -n, -en이 붙는 경우

-ent, -ant, -or, -ist로 끝나는 남성명사
der Professor – die Professor**en** (교수)
der Polizist – die Polizist**en** (경찰)

-in, -ion, -ik, -ung, -schaft, -tät로 끝나는 여성명사
die Universität – die Universität**en** (대학교)
die Organisation – die Organisation**en** (단체, 협회)

-e로 끝나는 거의 모든 명사
die Flasche – die Flasch**en** (병)
die Tasse – die Tass**en** (잔)
die Sprache – die Sprach**en** (언어)

❷ Umlaut(움라우트)가 붙는 경우(-e, -n, -en, -r, -er이 함께 올 수도 있음)

der Vater – die V**ä**ter (아버지)   der Baum – die B**äu**me (나무)
der König – die K**ö**nig**e** (왕)   das Haus – die H**äu**ser (집)
* 특정 규칙이 없으므로 나올 때마다 암기

❸ -s가 붙는 경우

a, i, o, u, y로 끝나는 명사

das Sof<u>a</u> – die Sofa**s** (소파)   das Aut<u>o</u> – die Auto**s** (자동차)
das Hobb<u>y</u> – die Hobby**s** (취미)

외래어 명사

das Team – die Team**s** (팀)   der Job – die Job**s** (직업)

❹ 셀 수 없는 명사의 경우 복수형이 존재하지 않는다.

das Obst (과일)   die Milch (우유)
der Durst (갈증)

* 책에 등장하는 어휘 목록에 복수형을 [명사의 성 + 단수형, 복수형]의 형태로 표기하였습니다.
* 복수형 표기에 하이픈(-)만 있는 표기는 단수형과 복수형이 동일함을 의미합니다.

예 [성 + 단수형, 복수형] = [die Tasse, -n]
   [성 + 단수형, 복수형] = [der Vater, Väter]
   [성 + 단수형, 복수형] = [das Zimmer, -]

⑦ 동사변화 (현재형)

독일어 동사의 현재형은 주어의 인칭, 수(단·복수)에 따라 어미가 변한다. 동사원형의 어미는 -en으로 끝나는데, 규칙동사는 이 부분만 변화한다. 단, 불규칙 동사는 어간과 어미가 함께 변화한다. 먼저 규칙동사 일부와 가장 많이 쓰이는 동사의 변화형을 살펴보자.

❶ 규칙동사 machen(하다), kochen(요리하다), wohnen(살다), kommen(오다), spielen(놀다)

	machen	**kochen**	**wohnen**	**kommen**	**spielen**
ich 나	mache	koche	wohne	komme	spiele
du 너	machst	kochst	wohnst	kommst	spielst
er/sie/es 그/그녀/그것	macht	kocht	wohnt	kommt	spielt
wir 우리	machen	kochen	wohnen	kommen	spielen
ihr 너희	macht	kocht	wohnt	kommt	spielt
sie 그들	machen	kochen	wohnen	kommen	spielen
Sie 당신	machen	kochen	wohnen	kommen	spielen

❷ 가장 많이 쓰이는 동사 sein(~이다), haben(가지다), werden(되다)는 모두 불규칙변화 동사다. 활용도가 매우 높으므로 암기해두는 것이 좋다.

	sein	**haben**	**werden**
ich 나	bin	habe	werde
du 너	bist	hast	wirst
er/sie/es 그/그녀/그것	ist	hat	wird
wir 우리	sind	haben	werden
ihr 너희	seid	habt	werdet
sie 그들	sind	haben	werden
Sie 당신	sind	haben	werden

❸ 불규칙 동사는 주어가 du(너)와 er/sie/es(그/그녀/그것)일 때 나타난다.
어미뿐 아니라 어간의 모음도 함께 변화하는 것이 특징이다.
어간변화는 다시 다음과 같이 세 종류로 분류된다.

- 어간모음에 a가 있을 경우: a → ä

	f**a**hren (가다)	f**a**ngen (잡다)	tr**a**gen (나르다)
ich 나	fahre	fange	trage
du 너	fährst	fängst	trägst
er/sie/es 그/그녀/그것	fährt	fängt	trägt
wir 우리	fahren	fangen	tragen
ihr 너희	fahrt	fangt	tragt
sie 그들	fahren	fangen	tragen
Sie 당신	fahren	fangen	tragen

- 어간모음에 e가 있을 경우: e → i

	tr**e**ffen (만나다)	**e**ssen (먹다)	g**e**ben (주다)
ich 나	treffe	esse	gebe
du 너	triffst	isst	gibst
er/sie/es 그/그녀/그것	trifft	isst	gibt
wir 우리	treffen	essen	geben
ihr 너희	trefft	esst	gebt
sie 그들	treffen	essen	geben
Sie 당신	treffen	essen	geben

- 어간모음에 장음 e가 있을 경우: e → ie

	sehen (보다)	**lesen** (읽다)	**empfehlen** (추천하다)
ich 나	sehe	lese	empfehle
du 너	siehst	liest	empfiehlst
er/sie/es 그/그녀/그것	sieht	liest	empfiehlt
wir 우리	sehen	lesen	empfehlen
ihr 너희	seht	lest	empfehelt
sie 그들	sehen	lesen	empfehlen
Sie 당신	sehen	lesen	empfehlen

⑧ 조동사 활용하기

대표적인 독일어의 조동사는 총 여섯 가지 이며, 역시 주어에 따라 아래 표와 같이 어미변화한다. 1격(ich)과 3인칭 단수(er/sie/es)의 변화형이 같다.

	können	**sollen**	**müssen**	**dürfen**	**wollen**	**mögen**
ich 나	kann	soll	muss	darf	will	mag
du 너	kannst	sollst	musst	darfst	willst	magst
er/sie/es 그/그녀/그것	kann	soll	muss	darf	will	mag
wir 우리	können	sollen	müssen	dürfen	wollen	mögen
ihr 너희	könnt	sollt	müsst	dürft	wollt	mögt
sie 그들	können	sollen	müssen	dürfen	wollen	mögen
Sie 당신	können	sollen	müssen	dürfen	wollen	mögen

조동사의 의미는 기본 의미와 주관적 의미로 나뉘는데, 우리 책에서는 기본 의미만 다루기로 한다. 조동사가 오면 본동사는 어미변화 없이 원형('부정형'이라고도 부른다)으로 문장 맨 마지막에 위치한다. 동사가 분리 동사라도 원형 그대로 온다.

- **können**: ~할 수 있다

    Ich kann schwimmen. 나는 수영할 수 있다.

- **sollen**: ~해야 한다 (권유, 충고, 도덕적 의무)

    Man soll viel Gemüse essen. 채소를 많이 먹어야 한다(먹는 것이 좋다).

- **müssen**: ~해야 한다 (강제, 강한 의무)

    Sie muss zahlen. 그녀는 돈을 지불해야 한다.

- **dürfen**: ~해도 된다

    Man darf hier rauchen. 여기서 담배를 피워도 된다.

- **wollen**: ~하려고 한다 (의지)

    Herr Schmidt will morgen nach Dresden fahren.
    슈미트 씨는 내일 드레스덴에 가려고 한다.

- **mögen**: ~를 좋아하다

    Frau Winter mag Radio hören. 빈터 씨는 라디오 듣기를 좋아한다.

9 기본 시제

독일어의 시제는 현재, 과거, 현재완료, 과거완료, 미래가 있다. 실제 회화에 가장 많이 쓰이는 시제는 현재형과 현재완료형이다. 기본 동사는 '현재-과거-현재완료' 세 단계로 변화한다.

현재형은 지금 발생하고 있는 일이나 매우 가까운 미래에 일어날 일을 표현한다. 현재완료형은 현재보다 앞서 일어난 일, 즉 우리가 '과거'에 일어났다고 생각하는 일들을 표현할 때 쓰인다. 회화에서는 과거완료형보다 현재완료형이 주로 쓰인다.

과거형은 회화에서는 잘 쓰지 않고, 신문이나 동화책 혹은 역사책에서 주로 사용한다. 단, haben과 sein동사의 과거형은 회화에서 자주 등장하니 기억해 두어야 한다. 과거완료형은 현재완료로 표현하는 일보다 더 앞서 일어난 일을 말할 때 사용한다. 시간차가 있는 두 사건을 한번에 말해야 할 때 사용하면 의미전달이 명확하다.

기본적인 미래의 일은 현재형으로 표현할 수 있다. 미래시제를 사용해서 표현하는 경우 '추측'이나 '보다 먼 미래의 일' 이라는 의미를 함축하고 있다.

❶ 현재 시제: 동사의 규칙 변화 & 불규칙 변화

앞서 살펴본 동사의 변화형이 바로 현재 시제다. 규칙 혹은 불규칙 변화형이 있으며 불규칙 동사는 일정 규칙이 있지만 언제나 적용되지 않으니 그때 그때 암기하는 것이 좋다. '⑦ 동사변화(현재형)'을 다시 한 번 참고하자.

❷ 과거 시제

동사의 과거형은 규칙동사에 한해 동사 어미에 '-te'가 붙는다. 불규칙 동사의 과거형은 암기해야 한다. 회화에서 과거시제가 쓰이는 빈도는 낮은 편이다. 그러나 haben과 sein동사는 자주 쓰이니 꼭 알아 두는 것이 좋다.

(현재형/원형)	haben	sein	machen
ich 나	hatte	war	machte
du 너	hattest	warst	machtest
er/sie/es 그/그녀/그것	hatte	war	machte
wir 우리	hatten	waren	machten
ihr 너희	hattet	wart	machtet
sie 그들	hatten	waren	machten
Sie 당신	hatten	waren	machten

예 Ich war gestern in Frankfurt am Main.
나는 어제 프랑크푸르트 암 마인에 있었다.

Er hatte keine Zeit.
그는 시간이 없었다.

❸ 현재완료 시제

현재완료형의 구조는 기본적으로 [haben … p.p] 혹은 [sein … p.p]다. 여기서 'p.p'란 동사의 현재완료형을 말하며 문장의 맨 끝에 온다. haben과 sein 중 어떤 것이 올지는 동사 종류에 따라 다르다. 주로 '동작변화'을 나타내는 동사는 haben과 함께, '상태변화'를 나타내는 동사는 sein과 함께 온다.

예 Er hilft mir. 그는 나를 돕는다. (현재)
Er hat mir geholfen. 그는 나를 도왔다. (현재완료)
→ [haben … p.p] 형태. helfen의 p.p형은 geholfen.

Ich koche Curry. 나는 카레를 요리한다. (현재)
Ich habe Curry gekocht. 나는 카레를 요리했다. (현재완료)
→ [haben … p.p] 형태. kochen의 p.p형은 gekocht.

Ich fahre nach Berlin. 나는 베를린에 간다. (현재)
Ich <u>bin</u> nach Berlin <u>gefahren</u>. 나는 베를린에 갔다. (현재완료)
→ [sein … p.p] 형태. fahren의 p.p.형은 gefahren.

Sie steigt aus der Bahn aus. 그녀는 기차에서 내린다. (현재)
Sie <u>ist</u> aus der Bahn <u>ausgestiegen</u>. 그녀는 기차에서 내렸다. (현재완료)
→ [sein … p.p] 형태. aussteigen의 p.p.형은 ausgestiegen.

❹ 과거완료 시제

과거완료 시제는 현재완료보다 앞선 시제로, 현재완료 시제에서 haben과 sein을 과거형으로 바꾸기만 하면 된다. 즉, [hatte … p.p] 혹은 [war … p.p]다. 현재완료에서 쓰인 예문을 과거완료로 바꾸면 다음과 같다.

예 Er <u>hat</u> mir <u>geholfen</u>. 그는 나를 도왔다. (현재완료)
Er <u>hatte</u> mir <u>geholfen.</u> 그는 나를 도왔었다. (과거완료)

Ich <u>habe</u> Curry <u>gekocht</u>. 나는 카레를 요리했다. (현재완료)
Ich <u>hatte</u> Curry <u>gekocht.</u> 나는 카레를 요리했었다. (과거완료)

Ich <u>bin</u> nach Berlin <u>gefahren</u>. 나는 베를린에 갔다. (현재완료)
Ich <u>war</u> nach Berlin <u>gefahren</u>. 나는 베를린에 갔었다. (과거완료)

Sie <u>ist</u> aus der Bahn <u>ausgestiegen.</u>
그녀는 기차에서 내렸다. (현재완료)

Sie <u>war</u> aus der Bahn <u>ausgestiegen</u>.
그녀는 기차에서 내렸었다. (과거완료)

❺ 미래 시제

미래 시제의 기본형은 [werden … 동사원형]이다. 문장 끝에 동사원형이 오는 것에 주의하자. 대부분 가까운 시일 내에 일어날 일은 미래형보다 미래를 의미하는 시간 부사를 넣어 현재형으로 쓴다. 따라서 미래 시제로 미래를 나타낼 때에는 추측이 포함된 미래의 일을 표현한다.

예 Wir gehen morgen ins Kino.
우리는 내일 영화관에 간다.

Wir werden morgen ins Kino gehen.
우리는 내일 영화관에 갈 것이다. (추측 의미 포함)

Sie wird länger arbeiten.
그녀는 더 오래 일 할 것이다. (추측 의미 포함)

독일 지도와 연방주

독일의 공식 명칭인 '독일 연방 공화국(Bundesrepublik Deutschland)'에서도 알수 있듯, 독일은 총 16개 주가 연방제로 운영되고 있는 나라다. 즉 각 주마다 주법, Wappe(문장), 지지 정당, 지정 공휴일이 조금씩 달라서 다른 주로 거주지를 옮기면 달라진 분위기와 법에 혼란을 겪기도 한다. 지금과 같은 현대 체제를 갖춘 계기는 1648년 베스트팔렌 조약이었다. 조약 체결 후 점점 신성로마제국의 영향력이 약해지었고, 각 지방의 큰 도시를 중심으로 중소도시가 발달하기 시작했다. 이러한 기간이 이어지다가 1949년 독일 연방기본법과 초대 내각이 구성, 독일 연방 공화국이 수립된다.

● 독일의 16개 주 목록

	주명	한글표기	주도	약어표기
1	Baden-Württemberg	바덴–뷔르템베르크	Stuttgart	BW
2	Bayern	바이에른	München	BY
3	Berlin	베를린	–	BE
4	Brandenburg	브란덴부르크	Potsdam	BB
5	Bremen	브레멘	–	HB
6	Hamburg	함부르크	–	HH
7	Hessen	헤센	Wiesbaden	HE
8	Mecklenburg-Vorpommern	메클렌부르크–포어포메른	Schwerin	MV
9	Niedersachsen	니더작센	Hannover	NI
10	Nordrhein-Westfalen	노르트라인–베스트팔렌	Düsseldorf	NW
11	Rheinland-Pfalz	라인란트–팔츠	Mainz	RP
12	Saarland	자를란트	Saarbrücken	SL
13	Sachsen	작센	Dresden	SN
14	Sachsen-Anhalt	작센–안할트	Magdeburg	ST
15	Schleswig-Holstein	슐레스비히–홀슈타인	Kiel	SH
16	Thüringen	튀링엔	Erfurt	TH

* 베를린, 브레멘, 함부르크는 주명과 주도가 같다.

화폐와 숫자

● 화폐

독일은 유럽 연합의 단일 화폐 '유로(Euro)'를 사용한다. 기호는 '€'로 표시하고 읽을 때는 '오이로'로 발음한다. 지폐는 5, 10, 20, 50, 100, 200, 500유로가 있고 동전은 1유로와 2유로가 있다. 1유로보다 낮은 단위로는 '센트(Cent)'가 있으며, 1, 2, 5, 10, 20, 50센트가 있다.

가격 표시는 '유로, 센트'로 한다. 독일어에서는 가격 표시를 할 때 마침표 대신 콤마를 사용하며, 콤마를 기준으로 앞은 유로, 뒤는 센트를 붙여서 읽거나, 'und'를 넣어서 읽는다. 유로와 센트가 함께 있는 금액의 경우에는 '센트'를 생략하기도 하며, 이 때에는 숫자 사이 콤마를 쓰고 맨 끝에 Euro만 표기한다.

예 4,50 Euro (vier Euro fünfzig) 4유로 50센트
　 40,25 Euro (vierzig Euro und fünfundzwanzig Cent) 40유로 25센트

● 숫자

한국어에도 기수와 서수가 있듯 독일어에도 수를 표기하는 방식으로 기수와 서수가 있다.

▶ 기수

기수는 일반 숫자를 나타낼 때 사용한다.

0	1	2	3	4	5
null	eins	zwei	drei	vier	fünf
6	7	8	9	10	11
sechs	sieben	acht	neun	zehn	elf
12	13	14	15	16	17
zwölf	dreizehn	vierzehn	fünfzehn	sechzehn	siebzehn
18	19	20	30	40	50
achtzehn	neunzehn	zwanzig	dreißig	vierzig	fünfzig
60	70	80	90	100	200
sechzig	siebzig	achtzig	neunzig	hundert	zweihundert

▶ 서수

서수는 순서와 날짜(월, 일만 해당)를 표현할 때 사용한다. 독일어로 서수 표시를 할 때엔 숫자 바로 뒤에 마침표를 반드시 붙여야 하며, 기수에 '-t'를 붙여서 읽는다. 숫자 앞에 오는 전치사와 뒤에 오는 명사의 성에 따라 '-te, -ten, -ter' 등으로 어미변화를 하기 때문에, 무조건 숫자에 t만 붙여서는 안되고, 어미형을 확인해야 한다.

예 in der 4.(vierten) Etage. 4층에
   인 데어 피어텐 에타줴.

   Wir treffen uns am 15.(fünfzehnten) Oktober. 우리 10월 15일에 만나.
   피어 트레펜 운스 푄프첸텐 옥토버.

   Heute ist der 8.(achte) 1.(erste). 오늘은 1월 8일 입니다.
   호이테 이스트 데어 아흐테 에어스테.

교통수단

독일의 대표적인 대중교통 수단으로는 S-Bahn(에스반), U-Bahn(우반), Tram(트람) 그리고 Bus(버스)가 있다.

● 에스반 S-Bahn

에스반은 Stadtschnellbahn(슈타트슈넬반: 도시고속철도)의 줄임말이며 주로 도시 내 주요 구역이나 가까운 교외를 연결하는 열차다. 초록색 동그라미 로고로 에스반 역을 표시한다. 뮌헨, 베를린, 프랑크푸르트 등 규모가 큰 도시는 많은 노선을 확보하고 있으나, 기타 대중교통이 충분한 도시의 경우 에스반 노선이 적거나 없는 경우도 있다.

● **우반** U-Bahn

우반은 **Untergrundbahn**(운터그룬트반: 지하철)의 줄임말로 우리나라 지하철과 같은 개념이다. 파랑색 네모 심볼을 활용하여 멀리서도 눈에 잘 띈다. 대부분의 지하철은 지하로 다니지만 상낭수의 억이 지상에 있기 때문에 우반이라는 명칭은 독일인들 사이에서 **Unabhängige Bahn**(운압행이게반: 독립열차)이라는 의미로 이해되기노 힌다. 깊이가 깊고 환승구간이 긴 한국 지하철에 비해 독일 지하철은 비교적 얕고 환승구간도 짧다. 역과 역 사이의 소요시간은 평균 1분 30초~2분이다. 차량이 많은 시간대엔 정체가 발생하기도 하며 지하철 내에서는 인터넷이나 전화가 원활하지 않을 수 있다. 에스반과 마찬가지로 우반이 없는 도시도 있다.

● 트람 Tram

트람은 우반보다 더 가까운 구간을 연결, 평균 시속 60km이하로 지상에서만 다닌다. 날씨에 따라 운행이 중단될 수도 있다. 트람역 로고는 검정색 네모에 노랑색 글씨로 표시하는데, 주로 길 안내 표지판에만 쓰이고 실제 역에는 대부분 로고를 표시하지 않는다. 역이 인도와 같은 높이에 있어서 특별한 표시 없이도 쉽게 발견할 수 있기 때문이다. 도시에 따라 트람의 폭, 규모, 모양, 상징색이 조금씩 다르며 Straßenbahn(슈트라쎈반-: 길열차)으로 불리기도 한다.

● 버스 Bus

버스는 시내나 교외를 연결하는데, 특히 트람, 에스반 그리고 우반이 닿지 않는 마을에서는 중요한 교통수단이다. 우리나라의 버스보다 비교적 운행속도가 느리고 모든 승객이 승·하차 할 때까지 절대 출발하지 않는다. 기본적으로 앞문과 뒷문 모두 승차가 가능한데, 반드시 표를 제시해야 하는 경우 뒷문을 열어주지 않을 수도 있다. 표는 탑승과 동시에 기사에게 제시하거나 없을 경우 바로 기사에게 구매하면 된다. 1회용 버스표뿐 아니라 1일권이나 1주일권과 같은 일반 교통권도 살 수 있으니 참고하면 좋다. 하차할 역의 안내방송이 나오면 버스 곳곳에 설치된 **stop** 혹은 **halt** 버튼을 누르면 된다. 최근에는 전기로 운행하는 하이브리드 친환경 버스가 늘고 있는 추세다.

음식 메뉴

메인 메뉴

● 슈바인스학세 Schweinshaxe

Schwein은 돼지, Haxe는 돼지 다리부위를 일컫는다. 한국의 족발과 자주 비교되지만 슈바인스학세는 돼지 발끝 부분을 사용하지 않는다. 독일 남부 바이에른 지방에서 먹기 시작한 전통 독일 요리인데 현재는 독일 전역 어디서나 쉽게 먹을 수 있다. 기본 요리법은 오븐에 굽는 것이고 튀기거나 소스를 곁들이는 경우도 있다. 고단백, 고지방 음식에 속하며 느끼함을 덜기 위해 독일식 절임 양배추 자우어크라우트(Sauerkraut)와 함께 제공된다.

● 플람쿠흔 Flammkuchen

독일어로 Flamme은 불꽃을 의미한다. 모양새가 피자와 비슷하여 자주 혼동되곤 하는데, 차이점은 플람쿠흔의 도우 두께가 훨씬 얇고 긴 직사각형 모양이며, 화덕에 구워낸다는 점이다. 도우 위에 흰색 사워크림을 바르고 다양한 토핑을 얹는다. 토핑과 도우가 붙어있지 않아 도우 위에 토핑을 살짝 올려 먹는 느낌이 든다.

● 슈니첼 Schnitzel

오리지널 슈니첼은 19세기 오스트리아 빈에서 먹기 시작한 Wiener Schnitzel(비너슈니첼)로, 얇게 저민 돼지고기 튀김에 레몬즙을 뿌려 먹는 요리다. 육질을 부드럽게 하기 위해 연육제를 사용하거나 수차례 두들긴다. 한국이나 일본에서 먹는 돈까스보다 크기가 크고 얇지만 덜 바삭하다. 독일에서는 비너슈니첼을 비롯하여 홀렌다이즈 소스나 스테이크 소스를 곁들여 먹기도 한다. 슈니첼 사이에 돼지 넓적다리살과 치즈를 넣어 튀긴 꼬르동 블루(Cordon bleu)도 추천할 만하다.

● 린더롤라데 Rinderroulade

Rind는 소, Roulade는 말아서 찐 고기를 뜻한다. 소의 넓적다리나 뒷다리를 얇게 썰어 소금과 후추, 겨자소스로 마리네이드를 한 뒤 베이컨과 양파, 절인 오이를 넣어 돌돌 말아 쪄낸 요리다. 베이컨과 오이 대신 야채볶음밥, 찐 계란을 채워 넣기도 하며 오스트리아에서는 오이 대신 당근을 사용한다. 일반적으로 감자전분으로 만든 공 모양의 만두 Klöße(클뢰세)와 함께 나온다.

● 아인토프 Eintopf

Topf는 냄비를 뜻한다. 하나의 냄비에 각종 재료를 넣고 끓여낸 우리나라 찌개와 비슷한 요리다. 힘든 농사일을 하던 독일 농부들이 짧은 시간에 든든하게 끼니를 해결하기 위해 먹기 시작했다. 가장 많이 쓰이는 재료는 돼지비계, 완두콩, 렌틸콩, 당근, 양배추 등이며 짧은 국수와 함께 끓이기도 한다. 요리하는 지역이나 사람의 취향에 따라 재료와 맛이 수십여 가지에 이른다.

● 아이스바인 Eisbein

돼지의 앞, 뒷다리 정강이 요리다. 잘 자란 돼지다리의 지방이 가장 많은 부위에 속한다. 지방이 많은 만큼 육질이 매우 부드럽고 뼈도 쉽게 제거된다. 독일 북부지역과 폴란드에서는 소금에 절인 뒤 물에 끓이고, 독일 남부지역과 체코, 오스트리아에서는 최대한 바삭하게 먹기 위해 소금에 절이지 않고 바로 오븐에 굽는다. 곱게 간 콩퓨레나 감자퓨레 혹은 자우어크라우트와 함께 제공된다.

사이드 메뉴

● 자우어크라우트 Sauerkraut

자우어크라우트는 독일에서 고기 요리 등에 곁들여 먹는 양배추 피클이다. 제품의 빛깔이 황금색을 띠는 것이 좋은 것이며, 신맛이 나고 아삭아삭 씹는 맛이 좋다. 그대로 먹기보다는 스튜나 샌드위치에 넣어 먹거나 육류를 가공할 때 첨가하기도 하며, 또는 소시지·햄 등과 함께 기름에 볶아 먹기도 한다.

● 카토펠푸퍼 Kartoffelpuffer

독일, 오스트리아, 체코, 슬로바키아, 폴란드, 우크라이나 등에서 널리 먹는 가벼운 음식으로 우리나라 감자전과 매우 비슷한데, 크기가 손바닥 만하고 사과무스를 곁들여 약간 달게 먹는게 특징이다. 우크라이나에서는 고기나 치즈, 감자를 채워서 구워 주메뉴로 먹기도 한다.

● 크뇌델 Knödel

Klöße(클뢰쎄)라고 부르기도 하는 크뇌델은 반죽을 아이 주먹만 하게 둥글게 뭉쳐 끓인 음식이다. 반죽에 쓰이는 재료는 지역마다 다양한데, 중부독일에서는 감자전분으로 반죽을 하고 가운데 말린 빵 조각을 넣는다. 쫄깃쫄깃하고 고소한 게 특징이다. 남부독일에서는 소나 돼지고기와 잘게 썬 버섯으로 반죽을 하고 육수와 함께 제공되거나 바삭하게 튀겨 먹기도 한다.

● 브라트부어스트 Bratwurst

소시지의 종류와 크기에 따라 종류가 매우 다양한데, 기본적으로는 반드시 익혀 먹어야 하는 생소시지를 바싹 구워 브룃헨(Brötchen) 혹은 젬멜른(Semmeln)이라고 부르는 작은 빵 사이에 끼워 케첩이나 머스터드 소스를 뿌려 먹는다. 뉘른베르크의 브라트부어스트는 소세지의 종류, 크기, 굽는 방식에 엄격한 기준을 두어 "Original Nürnberger Rostbratwurst(오리지널 뉘른베르거 브라트부어스트)"라는 공식 명칭으로 EU위원회에 공식 등록, 법적으로 보호받고 있다.

● 커리부어스트 Currywurst

브라트부어스트와 함께 길에서 가장 흔히 볼 수 있는 간식이다. 소세지를 직화에 구워 먹기 좋게 자른 뒤 약간 매콤한 케첩소스에 커리가루를 뿌려 먹는다. 커리가루를 소스에 미리 넣어 만드는 경우도 있다. 커리부어스트와 가장 궁합이 잘 맞는 사이드 메뉴는 감자튀김(Pommes 포메스)이다. 감자튀김 소스는 케첩과 미요네즈 중 선택할 수 있다

● 프레첼 Bretzel

독일에서는 '브레첼'이라고 부르는데, 라틴어인 '브라셀라(작은 팔)'와 고대 독일어인 '브레치텔라'에서 온 이름이라고 한다. 기도하는 사람의 팔 모양을 본따 만든 8자 모양의 이 빵과자는 여러 나라에서 그 기원을 주장하고 있으나 어느 쪽도 뚜렷한 근거가 없다. 다만 비슷한 시기에 유럽 여러 나라의 수도원에서 만들어 먹기 시작한 것만은 확실하다.

1
기본표현

인사하기
자기소개하기
주말 계획 묻기
취미 묻기

인사하기 sich begrüßen, Herkunft

John 안녕하세요, 저는 존 도스라고 합니다. 이름이 어떻게 되세요?

Guten Morgen, ich heiße John Doss. Wie heißen Sie?

구텐 모르겐, 이히 하이쎄 존 도스. 비 하이쎈 지?

Maria 안녕하세요, 저는 마리아 키아라입니다.

Guten Morgen, ich bin Maria Chiara.

구텐 모르겐, 이히 빈 마리아 키아라.

John 반갑습니다! 어디에서 오셨나요?

Freut mich! Woher kommen Sie?

프로이트 미히! 보헤어 코멘 지?

Maria 저는 이탈리아에서 왔습니다. 어디에서 오셨나요?

Ich komme aus Italien. Woher kommen Sie?

이히 코메 아우스 이탈리엔. 보헤어 코멘 지?

John 저는 미국에서 왔습니다.

Ich komme aus den USA.

이히 코메 아우스 덴 우에스아.

Maria 아, 흥미롭군요! 독일 어디에 사십니까?

Oh, wie interessant! Wo in Deutschland wohnen Sie?

오, 비 인터레싼트! 보 인 도이칠란드 보넨 지?

John 저는 마인츠에 삽니다. 당신은요?

Ich wohne in Mainz. Und Sie?
이히 보네 인 마인츠. 운트 지?

Maria 저는 드레스덴에 삽니다.

Ich wohne in Dresden.
이히 보네 인 드레스덴.

Woher 보헤어 어디로부터(출신이나 유래)
Wo 보 어디
kommen 코멘 오다
in 인 ~(안)에
aus 아우스 ~로부터
interessant 인터레싼트 흥미로운
wohnen 보넨 거주하다
und 운트 그리고

Guten Morgen 구텐 모르겐
　안녕하세요(아침인사)
Ich heiße… 이히 하이쎄…
　저는 …라고 부릅니다(제 이름은 …입니다)
Ich bin… 이히 빈… 저는 …입니다
Wie heißen Sie? 비 하이쎈 지?
　당신의 이름은 무엇입니까?
Wo wohnen Sie? 보 보넨 지?
　당신은 어디 사십니까?

생생 여행 Tip

• 인사말

독일어의 인사말은 아침인사, 오후인사, 저녁인사, 밤인사로 나뉘어 있다. 오전 11시 경까지는 Guten Morgen(구텐 모르겐), 오후 4시경까지는 Guten Tag(구텐 탁), 저녁시간에는 Guten Abend(구텐 아벤트)라고 인사한다. 시간의 구분 없이 쓰는 인사말은 Hallo(할로), Servus(제어부스), Grüß Gott(그뤼스 고트)가 있는데, Servus와 Grüß Gott는 주로 독일의 중남부 지방과 오스트리아 전체, 이탈리아의 남부 티롤 지역에서 쓰인다. 처음 보는 사람과 인사를 할 때에는 인사말과 함께 악수를 하며 눈을 맞추는 것이 기본이다. 가족이나 친구들과는 포옹을 하거나 양 볼을 맞대며 인사하고, "Wie geht es dir?(비 게트 에스 디어?)"라고 안부를 묻는다. 간단히 줄여서 "Wie geht's?(비 게-츠?)"라고 말해도 된다. 단, 격식을 사용해야 하는 상대에게는 "Wie geht es Ihnen?(비 게트 에스 이-넨?)"이라고 한다. 질문에 대한 답은 아래와 같이 할 수 있다.

A: Wie geht's dir? 어떻게 지내?

B: (Mir geht's) sehr gut. 아주 잘 지내.
Gut. 잘 지내.
Es geht. 그저 그래.
Nicht so gut. 별로 좋지 않아.

헤어질 때 인사는 기본적으로 Auf Wiedersehen(아우프 비더젠: 또 만나요), Tschüß!/Tschüs!(취-ㅆ: 잘 가!)가 있다. 만약 상대와 내일 만나기로 했다면 Bis morgen!(비스 모르겐: 내일 봐!), 곧 만나기로 했다면 Bis bald!(비스 발트: 곧 봐!)라고 인사한다.

유용한 회화 표현

🎧 1-2.mp3

Guten Morgen!	안녕하세요! (아침인사)
Guten Tag!	안녕하세요! (오후인사)
Guten Abend!	안녕하세요! (저녁인사)
Gute Nacht!	좋은 밤 되세요! / 안녕히 주무세요!
Schlaf gut!	잘 자!
Entschuldigung. (=Verzeihung.)	실례합니다. / 죄송합니다.
Sind Sie Herr/Frau Kim?	당신이 김 씨(남성/여성)인가요?
Wie ist Ihr Vorname?	이름이 어떻게 되시나요?
Wie ist Ihr Nachname(Familienname)?	성이 어떻게 되시나요?
Wie heißen Sie?	성함이 어떻게 되시나요?
Mein Name ist Yuna Kim.	제 이름은 김유나입니다.
Mein Vorname ist Yuna.	제 이름은 유나입니다.
Ich heiße Yuna Kim.	저는 김유나라고 합니다.
Freut mich.	만나서 반갑습니다.
Vielen Dank. (=Danke sehr.)	정말 감사합니다.
Danke schön.	감사합니다.
Ich danke Ihnen.	당신에게 감사합니다.
Tschüss! (=Tschüs!)	잘 가! / 안녕히 가세요!
Auf Wiedersehen!	안녕히 가세요! / 또 오세요!

어휘 플러스

아프카니스탄	**Afghanistan** 아프가니스탄
알제리	**Algerien** 알게리엔
아르헨티나	**Argentinien** 아르겐티니엔
벨기에	**Belgien** 벨기엔
브라질	**Brasilien** 브라질리엔
중국	**China** 히나/키나
덴마크	**Dänemark** 데네마크
영국	**England / Großbritannien** 엥글란트/그로스브리타니엔
핀란드	**Finnland** 핀란드
프랑스	**Frankreich** 프랑크라이히
인도	**Indien** 인디엔
이탈리아	**Italien** 이탈리엔
일본	**Japan** 야판
캐나다	**Kanada** 카나다
케냐	**Kenia** 케니아
대한민국	**Korea** 코레아
리투아니아	**Litauen** 리투아니엔
멕시코	**Mexiko** 멕시코
오스트리아	**Österreich** 외스터라이히
폴란드	**Polen** 폴렌
포르투갈	**Portugal** 포르투갈
러시아	**Russland** 루스란트
스페인	**Spanien** 슈파니엔
체코	**Tschechien** 췌히엔

★ 명사와 함께 쓰는 나라 이름

이라크	**der Irak** 데어 이라크
스위스	**die Schweiz** 디 슈바이츠
터키	**die Türkei** 디 튀어카이
우크라이나	**die Ukraine** 디 우크라이네
미국	**die USA** 디 우에스아

호칭과 격식체

독일어의 격식체는 크게 두 가지 Sie(지: 당신)와 Du(두: 너)로 나뉜다. 과거에는 이 두 격식체의 사용기준이 매우 엄격해서, 16세 이상이라면 가족과 친구를 제외하고 장소의 구분 없이 모두 Sie를 사용하였다. 그러다가 최근 몇십 년간 Siezen(지쩬: Sie를 쓰다)에서 Duzen(두쩬: Du를 쓰다)으로 넘어가는 속도가 점점 빨라졌고, 이젠 두 격식체의 구분이 정확한 나이가 아닌 친근감, 혹은 존중 표현의 일종으로 쓰이고 있다.

Sie는 상대방과 초면이거나 연장자나 상사에게, 혹은 공식적인 자리에서 사용하며 Du는 가족, 친지, 친구에게 사용한다. 그러나 정확히 구분하지 않는다. 예를 들어 어학원이나 학교에서 만났다면 상대방이 연장자이거나 친하지 않더라도 Du를 쓰는 게 일반적이다. 주로 젊은 사람들이 일하는 상점이나 피트니스 센터에서도 상대의 허락을 맡지 않고 바로 Du를 쓴다. 이는 친근감의 표시이니 오해하지 않도록 하자. 직장에서도 동료들끼리 종종 Duzen을 하는 경우가 있다.

한국어 '~씨'와 같은 호칭으로 여성에게는 Frau(프라우), 남성에게는 Herr(헤어)를 붙인다. 호칭 뒤에는 이름을 빼고 성만 사용한다. 독일의 이름은 우리나라의 김씨나 이씨처럼 성이 겹치는 경우가 많지 않기 때문에 성만 불러도 누구인지 구분하기가 쉽다. Duzen을 사용 할 때는 성을 빼고 이름만 부른다.

자기소개하기 sich vorstellen

Dirk 성함이 무엇입니까?

Wie heißen Sie?
비 하이쎈 지?

Klaus 저는 클라우스라고 합니다.

Ich heiße Klaus.
이히 하이쎄 클라우스.

Dirk 당신의 성은 무엇입니까?

Wie ist Ihr Nachname?
비 이스트 이어 나흐나메?

Klaus 제 성은 뮐러 입니다.

Mein Nachname ist Müller.
(= Ich heiße Müller mit Nachnamen.)
마인 나흐나메 이스트 뮐러. (이히 하이쎄 뮐러 밋 나흐나멘.)

Dirk 성의 철자를 말해줄 수 있습니까?

Können Sie ihn bitte buchstabieren?
쾬넨 지 인 비테 부흐슈타비어렌?

Klaus M-ü-l-l-e-r.

M-ü-l-l-e-r.
엠-위-엘-엘-에-에르.

Dirk 어느 도시 출신입니까?

Aus welcher Stadt kommen Sie?
아우스 벨허 슈타트 코멘 지?

Klaus 쾰른 출신입니다.

Aus Köln.
아우스 쾰른.

Dirk 그리고 직업은 무엇입니까(어떤 일을 하십니까)?

Und was machen Sie beruflich?
운트 바스 마헨 지 베루프리히?

Klaus 저는 수선사 입니다.

Ich bin Schneider.
이히 빈 슈나이더.

---

der Nachname 나흐나메 성(뒷 이름)
der Vorname 포어나메 이름(앞 이름)
können 퀀넨 할 수 있다
buchstabieren 부흐슈타비어렌 철자를 말하다
die Stadt 슈타트 도시

beruflich 베루프리히 직업적으로
der Schneider 슈나이더 수선사, 재단사
Was machen Sie beruflich?
　바스 마헨 지 베루프리히? 어떤 일을 하세요?

생생 여행
Tip

• 주의할 대화 주제

친분이 두텁지 않은 독일인과 대화를 할 때 몇 가지 주제에 대해 직접적으로 질문하면 기분이 상할 수 있으니 주의하는 것이 좋다. 첫 번째는 애인이 있는지 여부나 가족사항이다. 독일에서는 남녀관계를 일반 이성친구, 애인, 파트너(애인 이상으로 생각하거나 이미 동거하고 있는 사이), 약혼관계, 부부 정도로 구분할 수 있는데 사적인 부분이기 때문에 성급히 먼저 묻지 않는 게 예의다. 대화를 나누다 보면 자연스레 가족이나 이성친구에 대해 알 수 있고 그때 묻는 것이 좋다. 두 번째는 정치 성향에 대한 질문이다. 특정 정치 성향이 뚜렷하거나 지지 정당이 상충될 경우 대화의 분위기가 부정적으로 흐를 수도 있다. 정치 이슈에 관해 가볍게 토론을 나누는 것은 관계없다. 세 번째는 금전에 대한 테마이다. 월급은 얼마를 받는지, 세후 금액은 얼마이고 구체적으로 어떻게 운용을 하는지 등에 관한 이야기는 좀 더 친해지면 묻는 것이 좋다.

Was machen Sie?	당신은 무엇을 하세요?
Als was arbeiten Sie?	당신은 어떤 일을 하세요?
Was sind Sie von Beruf?	당신은 직업이 무엇인가요?
Was ist Frau Müller von Beruf?	뮐러 씨의 직업은 무엇입니까?
Ich bin Arzt.	저는 의사입니다.
Ich bin Student.	저는 대학생입니다.
Ich bin Angestellter.	저는 회사원입니다.
Ich arbeite bei Samsung.	저는 삼성에서 일합니다.
Sie ist Professorin.	그녀는 교수입니다.
Sie ist Krankenschwester.	그녀는 간호사입니다.
Er ist Lehrer.	그는 선생입니다.
Er ist Ingenieur.	그는 엔지니어입니다.
Er arbeitet als Designer.	그는 디자이너로 일합니다.

어휘 플러스

자영업자	der/die Selbstständige	젤브스트슈텐디게
회사원	der/die Angestellte	안게슈텔테
선생님	der Lehrer / die Lehrerin	레-러 / 레-러린
교수님	der Professor / die Professorin	프로페쏘어 / 프로페쏘어린
연구원	der Forscher / die Forscherin	포어셔 / 포어셔린
기술자	der Techniker / die Technikerin	테히니커 / 테히니커린
건축가	der Architekt / die Architektin	아히텍트 / 아히텍틴
엔지니어	der Ingenieur / die Ingenieurin	인제뉴-어 / 인제뉴-어린
전기 기술자	der Elektriker / die Elektrikerin	엘렉트리커 / 엘렉트리커린
학생(대학생)	der Student / die Studentin	슈트덴트 / 슈트덴틴
학생(초중고)	der Schüler / die Schülerin	쉴러 / 쉴러린
견습생	der / die Azubi (Auszubildene의 준말)	아쭈비
디자이너	der Designer / die Designerin	디자이너 / 디자이너린
언론인	der Journalist / die Journalistin	조날리스트 / 조날리스틴
사회자(방송인)	der Moderator / die Moderatorin	모데라토어 / 모데라토어린
보도기자	der Reporter / die Reporterin	레포-터 / 레포-터린
의사	der Arzt / die Ärztin	아츠트 / 에어츠틴
간호사	der Krankenpfleger / die Krankenschwester	크랑켄플레거 / 크랑켄슈베스터
건물 관리인	der Hausmeister / die Hausmeisterin	하우스마이스터 / 하우스마이스터린
경비원	der Pförtner / die Pförtnerin	푀트너 / 푀트너린
운전기사	der Fahrer / die Fahrerin	파-러 / 파-러린
판매원	der Verkäufer / die Verkäuferin	페어코이퍼 / 페어코이퍼린
종업원(식당)	der Kellner / die Kellnerin	켈너 / 켈너린
은행원	der Banker / die Bankerin	방커 / 방커린

독일이 궁금해 아우스빌둥 시스템

독일의 Ausbildung(아우스빌둥)이란 특정 분야의 전문 직업인을 양성하는 시스템이다. 독일 학생들은 만 10세경 담임 선생님의 조언과 체계적인 심사를 통해 인문계 학교 또는 직업교육 학교로 배정받는다. 인문계 학교로 가는 학생의 대다수는 대학에 진학하여 전적으로 학업에 전념하는 반면, 직업교육 학교로 간 학생들은 학교 활동과 더불어 아우스빌둥 프로그램에 참여한다.

학생의 적성이나 관심사에 따라 아우스빌둥의 분야가 나눠지는데, 공통점은 교육과 직업훈련이 굉장히 밀접하게 이루어진다는 점이다. 이처럼 학교공부와 직업훈련이 동시에 이루어 지는 것을 이중 직업교육(Duale Berufsausbildung: 듀알레 베루프스아우스빌둥)이라고 하는데, 일주일의 2~3일은 직장에 나가고, 2~3일은 학교에 나간다. 아우스빌둥 기간은 직업군에 따라 평균 2~4년이며, 교육 기간에도 일반 직원의 1/3정도의 월급을 받는다.

반드시 직업교육 학교에 진학하지 않더라도 아우스빌둥의 기회는 18세 이상의 성인이고, 해당 분야의 교육을 받은 경험이 없는 사람이라면 누구나 지원할 수 있다. 정원이 남아있고 입학시험에 통과하면 교육이 시작되는데, 순수 교육기간 이외에 일정 기간의 견습생 기간(인턴십)을 성공적으로 마쳐야 아우스빌둥 증명서를 받을 수 있다.

주말 계획 묻기 Wochenendplanung

Müller   안녕하세요, 김 씨! 어떻게 지내세요?

Guten Tag, Frau Kim! Wie geht es Ihnen?

구텐 탁, 프라우 킴! 비 겥 에스 이넨?

Kim   안녕하세요, 뮐러 씨! 저는 잘 지내요. 당신은요?

Guten Tag, Herr Müller! Mir geht es gut. Und Ihnen?

구텐 탁, 헤어 뮐러! 미어 겥 에스 굿, 운트 이넨?

Müller   아주 잘 지냅니다, 고마워요. 주말에 뭐 하세요?

Sehr gut, danke.
Was machen Sie am Wochenende?

제어 굿, 당케. 바스 마헨 지 암 보헨엔데?

Kim   시내에서 친구 한 명을 만날 거예요. 당신은요?

Ich treffe einen Freund in der Innenstadt. Und Sie?

이히 트레페 아이넨 프로인트 인 데어 인넨슈타트. 운트 지?

Müller   부모님이 오시기로 했어요.

Ich bekomme Besuch von meinen Eltern.

이히 베콤메 베주흐 폰 마이넨 엘터른.

Kim   그거 멋지네요!

Das ist schön!

다스 이스트 쇤!

Müller	네, 저도 벌써 부모님의 방문이 기대되네요.	

Ja, ich freue mich schon auf den Besuch.
야, 이히 프로이에 미히 숀 아우프 덴 베주흐.

Kim	부모님께선 어디 사세요?	

Wo wohnen Ihre Eltern?
보 보넨 이어레 엘터른?

Müller	뮌헨에 사십니다. 저에게 고속버스를 타고 오십니다.	

Sie wohnen in München.
Sie fahren mit dem Fernbus zu mir.
지 보넨 인 뮌헨. 지 파렌 밑 뎀 페른부스 쭈 미어.

Herr / Frau 헤어/프라우 ~씨(남성/여성)
der Freund / die Freundin 프로인트/프로인딘 친구(남성/여성)
das Wochenende 보흔엔데 주말
treffen 트레펜 만나다
die Innenstadt 인넨슈타트 시내
die Eltern 엘터른 부모님
der Besuch 베주흐 방문
schön 쇤 멋진, 좋은
bekommen 베콤멘 받다, 얻다

wohnen 보-넨 거주하다
sich freuen 지히 프로이엔 기뻐하다, 기대하다
der Fernbus 페른부스 고속버스
mit + (교통수단) 밑 (교통수단)을 타고
Wie geht es Ihnen/dir? 비 겔 에스 이넨/디어?
  당신/너 어떻게 지냈습니까?
am Wochenende 암 보흔엔데 주말에
Ich freue mich auf (목적어 Akk.)
  이히 프로이에 미히 아우프 나는 (목적어)가 기대된다.
Wo wohnen Sie? 보 보-넨 지?
  당신/너 어디 사십니까?

생생 여행 Tip

● 검표원을 만난다면?

독일의 교통수단은 검표 절차 없이 탑승한다. 대신 검표원이 불시에 탑승하여 신분을 밝히고 표를 보여달라고 한다. 검표원은 사복 차림이거나 해당 도시 교통업체의 유니폼을 입고 있다. 무임승차 적발시 벌금은 60유로이고, 바로 다음 정차역에서 검표원과 함께 하차해야 한다. 벌금은 현금이나 카드로 지불할 수 있다. 검표원을 만났을 때 표를 구매하면 무임승차로 간주되므로 반드시 탑승 전에 구매하고 구매 후에는 개찰기에 표를 넣어 날짜와 시간을 찍어야 한다(트람은 종종 열차 안에서 구매가 가능한데, 이때는 구매시간이 자동으로 찍히므로 개찰기에 표를 찍을 필요가 없다). 표를 구매해도 날짜와 시간이 없다면 무임승차로 간주된다. 독일어를 못하는 관광객이라고 선처해주지 않으므로 올바른 표를 사는 것이 매우 중요하다. 특히, 발매기를 영어로 설정하고 표를 구매할 경우 Student라는 단어에 주의하자. 영어로는 초·중·고·대학생 모두 Student라고 부르지만 독일어로는 대학생만 Student라고 지칭한다. 초·중·고등학생은 Schüler(슐러)다. Azubi(아쭈비)는 아우스빌둥(전문교육과정)을 밟고있는 사람을 일컫는 명칭이다. 학생요금이 없거나 일반성인이라면 Erwachsene(에어박세네: 성인)를 선택하면 된다. 대학생이라면 대부분 학생증이 교통권을 대신한다. 학생증을 깜빡 잊고 무임 승차했을 경우, 검표원이 주는 영수증을 가지고 교통처를 방문하여 학생임을 증명하면 벌금 7유로만 내면 된다.

유용한 회화 표현

🎧 1-6.mp3

Wie ist das Wetter in Frankfurt am Main?	프랑크푸르트 암 마인의 날씨는 어때요?
- In Frankfurt am Main ist es sonnig.	프랑크푸르트 암 마인은 맑아요.
Wie ist das Wetter in Korea?	한국의 날씨는 어때요?
- Es regnet.	비가 와요.
Wie ist das Wetter im Dezember?	12월의 날씨는 어때요?
- Es ist kalt und trocken.	춥고 건조해요.
Ich finde das Wetter in Deutschland gut/schlecht.	독일의 날씨는 좋다고/안 좋다고 생각합니다.
Ich mag den Herbst.	저는 가을을 좋아합니다.
Im Süden scheint die Sonne.	남쪽은 맑습니다.
Im Ostseeumfeld wird es mitunter nass.	오스트제 주변은 이따금 비가 올 예정입니다.
Der Donnerstag beginnt im Norden frostig mit Nebel.	남부지방은 목요일부터 안개가 끼고 쌀쌀합니다.

봄	der Frühling 프륄링
여름	der Sommer 좀머
가을	der Herbst 헤업스트
겨울	der Winter 빈터

1월	Januar 야누아
2월	Februar 페브루아
3월	März 메어쯔
4월	April 아프릴
5월	Mai 마이
6월	Juni 유니
7월	Juli 율리
8월	August 아우구스트
9월	September 젭템버
10월	Oktober 옥토버
11월	November 노벰버
12월	Dezember 데쳄버

맑은, 해가 비치는	sonnig 존니히
추운	kalt 칼트
더운	heiß 하이쓰
습한	feucht 포이히트
건조한	trocken 트로큰
구름 낀	bewölkt 베뵐크트
따뜻한	warm 바-암
구름 없는	wolkenlos 볼켄로스
안개 낀	neblig 네블리히
바람 부는	windig 빈디히
비오다(동사)	regnen 레그넨
눈오다(동사)	schneien 슈나이엔

독일의 날씨

독일의 날씨는 여름에는 30도 이상 올라가고 겨울에는 눈이 오는 등 한국과 흡사하지만, 전체적으로 건조하고 바람이 많이 분다. 봄에는 10~15도를 웃돌다가 여름으로 접어들며 급격하게 더워진다. 특히 독일의 여름 날씨는 점점 더워지고 있는 편이며 한낮의 기온이 35도를 넘는 날도 있다. 한국의 봄이 짧듯 독일은 가을이 짧고 겨울이 길다. 추위가 빨리 오는 지역은 11월 초에 첫눈이 오기도 한다. 11월 중순부터 2월 중순까지는 전형적인 겨울 날씨가 지속되는데, 그 중 12월과 1월이 가장 춥다. 강수량은 일 년 중 6월이 가장 많지만 가랑비가 자주 오므로 방수 자켓을 입는 등 언제나 비에 대비하는 게 좋다. 비가 오면 바람도 같이 불기 때문에 독일인들은 왠만한 비에는 우산을 쓰지 않는다. 겨울에는 해를 찾아보기 어려워서 일조량이 많은 5월~8월에는 공원에서 웃통을 벗거나 수영복을 입고 해를 쬐는 사람이 많다.

취미 묻기 Hobbys

Mark 리오넬, 네 취미가 뭐야?

Lionel, was sind deine Hobbys?
리오넬, 바스 진트 다이네 호비스?

Lionel 내 취미는 축구야.

Mein Hobby ist Fußball spielen.
마인 호비 이스트 푸스발 슈필렌.

Mark 멋지다! 너 축구 할 줄 알아?

Cool! Kannst du Fußball spielen?
쿨! 칸스ㅌ 두 푸스발 슈필렌?

Lionel 응, 학교에서 배웠어.

Ja, ich habe es in der Schule gelernt.
야, 이히 하베 에스 인 데어 슐레 게레언ㅌ.

네 취미는 뭐야?

Was ist dein Hobby?
바스 이스트 다인 호비?

Mark 나는 두 가지 취미가 있어. 자전거 타기와 음악 듣기야.

Ich habe zwei Hobbys.
Es sind Radfahren und Musik hören.
이히 하베 츠바이 호비스. 에스 진트 라트파-렌 운트 무직 회렌.

너 자전거도 탈 줄 알아?

Kannst du auch Rad fahren?
칸스ㅌ 두 아우흐 라트 파-렌?

Lionel	아니, 탈 줄 몰라. 근데 배울 거야.
	Nein, leider kann ich es nicht.
	Aber ich will es lernen.
	나인, 라이더 칸 이히 에스 니히트. 아버 이히 빌 에스 레어넨.
Mark	원한다면 내가 가르쳐 줄 수 있어.
	Ich kann es dir beibringen, wenn du möchtest.
	이히 칸 에스 디어 바이브링엔, 벤 두 뫼히테스트.
Lionel	응, 아주 좋아!
	Ja, sehr gern!
	야, 제어 게언!

Was 바스 무엇
das Hobby, -s 호비 취미
der Fußball 푸스발 축구
spielen 슈필렌 놀다, 경기하다
die Schule, -n 슐레 학교(초, 중, 고)
lernen 레어넨 배우다
Rad fahren 라-ㅌ 파-렌 자전거를 타다
hören 회렌 듣다
leider 라이더 유감이지만
wollen 볼렌 ~하고자 한다 (조동사)

beibringen (목적어 Dat.) 바이브링엔
 (사람)에게 가르쳐주다
möchten 뫼히텐 ~하고싶다 (조동사)
sehr 제어 매우
gern 게언 기꺼이, 흔쾌히
Was ist dein Hobby? / Was sind deine Hobbys?
 바스 이스트 다인 호비? / 바스 진트 다이네 호비스?
 네 취미가 뭐야? / 네 취미들이 뭐야?
Ich will es lernen. 이히 빌 에스 레어넨.
 나는 그것을 배우려고 해.
sehr gern! 제어 게언! 아주 좋아! 기꺼이!

생생 여행 Tip

토르가우(Torgau)에 위치한 칼 뢰브너의 장난감 가게
주소: Bäckerstraße 2, 04860 Torgau, Sachsen
영업시간: 월~금 10시~18시 / 토 9시~12시 / 일요일 휴무

• 가장 오래된 장난감 가게

작센 주(Sachsen) 북서부 2만 명 규모의 작은 도시 토르가우(Torgau)에는 세계에서 가장 오래된 장난감 가게 칼 뢰브너의 장난감 가게(Spielwaren Carl Loebner: 슈필바렌 칼 뢰브너)가 있다. 녹로(轆轤)장비 장인이었던 크리스토프 뢰브너는 1685년 결혼 후 이곳을 녹로 제조 작업장으로 사용하며 목재 장난감을 함께 만들기 시작했다. 그 뒤 1780년부터는 가게로 개조, 본격적으로 목재 장난감을 만들어 근교 도시 라이프치히에서 열리는 박람회에서 판매했다. 그 후로도 계속 뢰브너 가(家)의 소유였으며 현재 주인은 11대 자손 요한-게오르크 뢰브너(Johann-Georg Loebner)다. 2010년에 325주년 기념식을 했다.

유용한 회화 표현

🎧 1-8.mp3

Was ist dein Hobby?	네 취미가 뭐야? (단수)
Was sind deine Hobbys?	네 취미가 뭐야? (복수)
– Mein Hobby ist Musik hören.	내 취미는 음악 듣기야.
– Meine Hobbys sind Lesen und Kochen.	내 취미는 독서랑 요리하기야.
Was machen Sie in Ihrer Freizeit?	당신은 여가시간에 무엇을 하십니까?
Was machst du in deiner Freizeit?	네 여가시간에 무엇을 해?
Was machst du gern in der Freizeit?	여가시간에 뭘 즐겨 해?
– In meiner Freizeit trinke ich Kaffee.	나는 여가시간에 커피를 마셔.
– Ich tanze sehr gern.	나는 춤추는 것을 매우 좋아해.
– Ich lerne Fremdsprachen am Wochenende.	나는 주말에 외국어를 공부해.
Ich habe kein Hobby.	나는 취미가 없어.
Ich brauche viel Entspannung und Ruhe.	나는 휴식과 혼자 있을 시간이 많이 필요해.
Du brauchst Entspannung, weil Stress ungesund ist.	너는 휴식이 필요해, 왜냐하면 스트레스는 건강에 좋지 않으니까.

조깅하다	**joggen**	조겐
축구하다	**Fußball spielen**	푸스발 슈필렌
테니스 치다	**Tennis spielen**	테니스 슈필렌
배구하다	**Volleyball spielen**	볼리발 슈필렌
수영하다	**schwimmen**	슈빔멘
스키타다	**Ski fahren**	쉬 파-렌
자전거 타다	**Rad fahren**	라-ㅌ 파-렌
인터넷 서핑하다	**Im Internet sörfen**	임 인터넷 쇠어펜
음악/라디오 듣다	**Musik/Radio hören**	무직/라디오 회렌
독서하다	**Bücher lesen**	뷔허 레젠
그림 그리다	**malen**	마-알렌
바느질하다	**nähen**	네-엔
뜨개질하다	**stricken**	슈트리켄
언어를 배우다	**Sprachen lernen**	슈프라헨 레어넨
요리하다	**kochen**	코흔
빵을 굽다	**backen**	바큰

독일인의 취미

독일인들이 여가시간에 즐겨하는 상위 10개 취미는 다음과 같다. 정원 가꾸기(1위), 쇼핑하기(2위), 퀴즈 풀기(3위), 외식하기(4위), 컴퓨터 게임하기(5위), 헬스장 가기(6위), 등산하기(7위), 조깅·걷기(8위), 사우나·찜질하기(9위), 수작업하기(10위). 실제로 많은 독일인들은 은퇴 후 정원이 딸린 집에서 채소와 꽃을 가꾸며 살고 싶어한다. 2년 마다 열리는 'BUGA(부가. Bundesgartenschau: 정원박람회)'와 10년마다 열리는 'IGA(이가. Internationale Gartenbauausstellung: 국제 정원전시회)'는 정원에 대한 독일인들의 관심을 엿볼 수 있는 대표적인 행사다. 매번 독일의 다른 소도시에서 열리는데, 개최지로 선정되면 행사 수 달 전부터 국가에서 막대한 예산을 투자하여 행사 주변의 자연 경관과 편의시설을 전체적으로 보수한다. 이렇게 투자한 금액은 행사 중 관광 수입으로 거의 회수된다. 도시를 새로 가꾸고 전국적으로 알릴 수 있는 기회이므로 시민들은 자신의 도시가 선정되길 진심으로 기원한다. BUGA를 통해 유명해진 도시로는 대표적으로 Ronneburg(로네부르크), Schwerin(슈베어린), Koblenz(코블렌츠) 등이 있다.

쇼핑가와 유명 숍들은 주로 대도시에 밀집되어 있어 매주 토요일이면 주변 소도시와 인근에서 쇼핑하러 온 사람들로 쇼핑몰들은 발디딜 틈이 없다. 독일은 일년에 두 번, 여름과 크리스마스 시즌에 빅 세일을 하니 참고하면 좋다. 날씨가 좋은 주말이나 휴가기간에 가벼운 등산이나 산책을 하는 독일인도 상당히 많다. 각 주마다 등산로를 만들어 놓았는데, 남부 바이에른 주에만 22개의 각기 다른 코스가 마련되어 있다. 취향에 따라 산을 탈 수도, 평지만 걸을 수도 있다. 코스나 숙소에 관한 자세한 정보는 www.wanderkompass.de를 참고하면 된다.

2
공항

비행기 체크인 하기
좌석 변경 요청하기
입국심사 받기
분실한 물건 찾기

비행기 체크인 하기 Einchecken

Angestellte 안녕하세요, 어떻게 도와드릴까요?

Guten Tag, wie kann ich Ihnen helfen?

구텐 탁, 비 칸 이히 이-넨 헬펜?

Kunde 안녕하세요, 오늘 한국 서울로 가는데 체크인을 하고 싶습니다.

Guten Tag, ich fliege heute nach Seoul. Ich möchte einchecken.

구텐 탁, 이히 플리-게 호이테 나흐 서울. 이히 뫼히테 아인체크.

Angestellte 좋습니다. 당신의 여권을 볼 수 있을까요?

Gern. Kann ich Ihren Reisepass sehen?

게른. 칸 이히 이어렌 라이제파쓰 제-엔?

Kunde 물론이죠. 여기 있습니다.

Natürlich. Bitte schön.

나튀어리히. 비테 쇤.

Angestellte 부치실 수하물이 있습니까?

Haben Sie Koffer, die Sie aufgeben wollen?

하벤 지 코퍼, 디 지 아우프게벤 볼렌?

Kunde 네, 캐리어 한 개와 배낭 한 개가 있습니다.

Ja, ich habe einen Koffer und einen Rucksack.

야, 이히 하베 아이넨 코퍼 운트 아이넨 룩삭.

Angestellte 알겠습니다. 캐리어와 배낭을 저울 위에 올려주세요.

OK. Bitte stellen Sie Ihren Koffer und Rucksack auf die Waage.

오케이. 비테 슈텔렌 지 이어렌 코퍼 운트 룩삭 아우프 디 바-게.

Kunde	네 알겠습니다.	

Ja gerne.
야 게르네.

Angestellte	배낭이 너무 무겁습니다. 20유로입니다.	

**Leider ist der Rucksack etwas schwer.
Das kostet 20(zwanzig) Euro.**
라이더 이스트 데어 룩삭 에트바스 슈베어. 다스 코스텔 쯔반찌히 오이로.

그리 비싸지는 않습니다.

Der Preis ist nicht zu hoch.
데어 프라이스 이스트 니힡 쭈 혹흐.

Kunde	여기 있습니다.	

Bitte schön.
비테 쇤.

Angestellte	감사합니다. 즐거운 여행 되시기 바랍니다!	

**Danke schön.
Ich wünsche Ihnen eine gute Reise!**
당케 쇤. 이히 뷘쉐 이-넨 아이네 구테 라이제!

---

helfen 헬펜 돕다
fliegen 플리-겐 날다, 비행하다
einchecken 아인체큰 체크인 하다
der Reisepass, Reisepässe 라이제파쓰 여권
aufgeben 아우프게벤 넘겨주다, 맡기다, 위탁하다
der Koffer 코퍼 캐리어
der Rucksack, Rucksäcke 룩삭 배낭
die Waage, -n 바-게 저울

schwer 슈베어 무거운, 어려운
hoch 호-ㅋ 높은
der Preis 프라이스 가격
wünschen 뷘쉔 바라다, 기원하다
die Reise, -n 라이제 여행
den/einen Koffer auf die Waage stellen
코퍼 아우프 디 바-게 슈텔렌
캐리어를 저울 위에 올려놓다

생생 여행 Tip

▸ 독일의 공항

공항은 독일어로 비행기(Flug)와 항구(Hafen)의 합성어 Flughafen(플룩하펜)이다. 독일에는 총 39개의 공항이 있는데, 이 중 16개 공항에서 국제선을 운행하고 있다. 연간 이용 승객이 천만 명 이상, 2천 5백만 명 미만인 공항은 네 곳, 2천 5백만 명을 초과하는 공항은 뮌헨과 프랑크푸르트 국제공항이다. 프랑크푸르트 국제공항의 영어 명칭은 Frankfurt Airport, 줄여서 Fraport라고 부르기도 한다. 공항마다 가지고 있는 IATA코드로는 FRA로 표시한다. 2015년 기준 프랑크푸르트의 총 이용객은 6천 1백만 명으로 집계되었다. 터미널 1과 2의 이용객이 계속해서 수용 기준을 초과하여 2015년부터 터미널 3을 증축, 2023년 완공을 앞두고 있다. 증축된 터미널에는 총 75대의 비행기가 대기할 수 있는 공간이 마련된다고 한다. 인천 국제공항에서 독일로 가는 직항편을 지원하는 공항은 뮌헨, 프랑크푸르트, 베를린 테겔공항이다.

유용한 회화 표현

🎧 2-2.mp3

Wo ist der Check-In Schalter von Lufthansa?	루프트한자의 창구가 어디 있나요?
Wo ist Terminal 2 Bereich E?	터미널2의 E구역이 어디인가요?
Wohin reisen Sie?	어디로 여행하십니까?
Zeigen Sie bitte Ihren Reisepass.	여권을 보여주세요.
Reisepass!	여권 (보여주세요)!
Ja, gern(e).	네, 좋습니다. / 기꺼이요.
Bitte schön.	여기 있습니다. / 기꺼이요. / 그렇게 해주세요. / 천만에요. (Danke의 응답)
Haben Sie Ihr E-Ticket?	E-Ticket을 갖고 계신가요?
Haben Sie den Boardingpass schon ausgedruckt?	보딩패스를 이미 인쇄하셨나요?
– Ja, habe ich schon.	네, 이미 가지고 있습니다.
Wie viele Gespäckstücke haben Sie?	몇 개의 수하물이 있습니까?
Sie dürfen nur einen Rucksack ins Flugzeug mitnehmen.	한 개의 배낭만 비행기 안으로 가지고 가실 수 있습니다.

어휘 플러스

비행기	das Flugzeug, -e 플룩쪼익
공항	der Flughafen, Flughäfen 플룩하펜
승무원	der Flugbegleiter 플룩베글라이터(남성) die Flugbegleiterin 플룩베글라이터린(여성)
좌석	der Sitzplatz, Sitzplätze 지쯔플라츠
창문	das Fenster, - 펜스터
복도	der Gang, Gänge 강
비행	der Flug 플룩
비행시간	die Flugzeit 플룩짜이트
목적지	der Zielort 찔-오르트
온도	das Grad 그라-트 die Temperatur 템퍼라투어
탑승객	der Gast, Gäste 가스트 die Passagiere, -n 파사쥐-레
수하물	das Gepäck 게팩
셀프서비스	die Selbstbedienung 젤브스트베딘-눙

독일의 고속기차

우리나라에 KTX가 있듯, 독일에는 독일 내 180개 역과 이웃나라(오스트리아, 스위스, 프랑스, 벨기에, 네덜란드, 덴마크)를 연결하는 고속열차 ICE(이체에)가 있다. ICE는 인터시티익스프레스(InterCityExpress)의 준말로 독일 국영 철도회사 도이체반(Deutsch Bahn, DB)에서 운영하고 있다. ICE의 전 모델인 IC(이체, InterCity)도 여전히 함께 운영 중이다.

좌석이 넓고 흔들림이 적으며 열차 내 식당이나 편의시설이 잘 되어있기 때문에 장거리 여행객들은 기차를 굉장히 선호하는 편이다. 매년 약 7천~8천만 명의 승객이 고속열차를 이용한다고 한다. 실제로 ICE와 IC를 이용하여 매일 출퇴근을 하는 사람도 많다. 이용 빈도가 잦은 승객들을 위해 DB에서는 반카드(BahnCard) 서비스를 운영하고 있다. 반 카드의 종류에 따라 티켓 가격의 25%, 50%, 100%를 할인 받을 수 있다. 반카드는 온라인으로 신청하고 우편으로 수령하며, 가격은 62유로, 255유로, 4190유로다 (1년 기준, 2등석). 50%와 100% 카드 소지 고객들은 역에 설치된 DB 라운지를 자유롭게 이용할 수 있다. 이 밖에도 반보너스(bahn.bonus) 서비스를 이용하면 티켓 가격에 따라 포인트를 모아 필요한 상품으로 교환할 수 있다.

고속열차를 자주 이용하지 않아 1년짜리 반카드가 부담스러운 고객들은 샘플 반카드(Probe BahnCard)를 신청할 수 있다. 25% 반카드의 가격은 19유로 (2등석 기준)이며 3개월 간 유효하다.

좌석 변경 요청하기 Sitzplatz ändern

Kunde
저는 오늘 네덜란드 암스테르담으로 여행하는데, 좌석을 변경하고 싶습니다.

Ich reise heute nach Amsterdam Holland. Ich möchte meinen Sitzplatz ändern.

이히 라이제 호이테 나흐 암스테르담 홀란드. 이히 뫼히테 마이넨 지쯔플라츠 엔더른.

Angestelle
안녕하세요. 이미 체크인을 하셨나요?

Guten Tag. Haben Sie sich schon eingecheckt?

구텐 탁. 하벤 지 지히 숀 아인게첵트?

Kunde
아니요, 아직 하지 않았습니다.

Nein, das habe ich noch nicht gemacht.

나인, 다스 하베 이히 노흐 니히트 게막흐트.

Angestellte
그럼 좌석을 변경하실 수 있습니다.

Dann können Sie Ihren Sitzplatz ändern.

단 쾬넨 지 이-렌 지쯔플라츠 엔더른.

Kunde
비상구 옆에 빈 좌석이 있습니까?

Gibt es einen freien Platz an einem Notausgang?

깁트 에스 아이넨 프라이엔 플라츠 안 아이넴 노트아우스강?

Angestellte
아니요, 그곳은 예약이 끝났습니다.

Nein, alle Plätze an den Notfallausgängen sind schon reserviert.

나인, 알레 플레체 안 덴 노트팔아우스갱엔 진트 숀 레저비어트.

Kunde
그러면 일반 좌석 중 복도 좌석을 원합니다.

Dann möchte ich einen normalen Platz am Gang.

단 뫼히테 이히 아이넨 노말렌 플라츠 암 강.

Angestellte	당신의 좌석은 28F입니다. **Ihr Sitzplatz ist 28(achtundzwanzig) F.** 이어 지쯔플라츠 이스트 아흐트운반치히 에프. 14시까지 터미널2의 30번 게이트 앞으로 오셔야 합니다. **Sie müssen bis 14(vierzehn) Uhr vor Gate 30(dreißig) in Terminal 2(zwei) kommen.** 지 뮤쎈 비스 피어첸 우어 포어 게이트 드라이찌히 인 터미널 츠바이 코멘.
Kunde	보딩은 언제 입니까? **Wann ist das Boarding?** 반 이스트 다스 보딩?
Angestellte	14시 10분 입니다. **Um 14(vierzehn) Uhr 10(zehn).** 움 피어첸 우어 첸.

---

heute 호이테 오늘
der Sitzplatz, Sitzplätze 지츠플라츠 좌석
ändern 엔더른 변경하다
noch 노흐 아직
nicht 니히트 ~않다
gemacht 게막흐트 완성한
der Notausgang, Notausgänge
　노트아우스강 비상(출)구

am Ausgang 암 아우스강 출구 옆
Der Platz ist reserviert. 데어 플라츠 이스트 레저비어트.
　그 좌석은 예약되어 있습니다.
= **Der Platz ist besetzt.**
　데어 플라츠 이스트 베제츠트.
= **Der platz ist nicht frei.**
　데어 플라츠 이스트 니히트 프라이.

생생 여행 Tip

● 택스 리펀

독일 체류증을 갖고 있지 않은 단기 여행객들은 모국으로 돌아갈 때 구매한 물건에 부가된 부가가치세를 돌려받을 수 있다. 택스를 돌려받는 절차는 다음과 같다.

1. 물건 구매시 판매직원에게 택스 리펀에 필요한 서류를 요구한다.

2. 직원이 서류(보통 긴 영수증)에 서명을 해주는지 확인한다. 판매자의 서명이 없을 경우 무효다.

3. 서류에 환급 받을 사람의 이름, 주소, 여권번호 등 구매자 정보를 '영어'로 채워 넣고 서명한다. 이 때 세금 환급을 무엇으로 할지 (현금/신용카드)도 함께 체크한다. 카드로 환급 받을 경우 반드시 마스터 혹은 비자카드여야 한다.

4. 이제 공항에서 'Zoll(쫄: 관세)'이라고 쓰여진 장소를 찾아 간다. 보통 두 세명의 직원이 앉아 있으며 서류에 최종 확인 도장을 찍어준다. 이 때 구매한 물건을 직접 보자고 할 수도 있으니, 세금을 환급 받아야 할 물건은 되도록 기내에 갖고 탄다. 물건의 규모가 커서 짐으로 부쳐야 할 경우 체크인 할 때에 항공사 직원에게 택스 리펀 받을 것이라고 알린다. 이 경우에는 짐에 확인라벨을 붙이고 택스 리펀을 받은 뒤, 바로 그 장소에서 짐을 부치면 된다.

5. Zoll 직원의 도장을 받은 서류를 'Tax Refund'가 쓰여진 장소에 제출한다. 직원이 확인을 하고 수수료를 제외한 금액을 되돌려 준다.

유용한 회화 표현

🎧 2-4.mp3

Ich brauche das Taxfree-Dokument.	저는 택스프리 서류가 필요합니다.
Können Sie das Taxfree-Dokument schreiben?	택스프리 서류를 써주실 수 있나요?
Wie muss ich das TaxFree Formular ausfüllen?	택스프리 서류를 어떻게(무엇을) 채워야 하나요?
Haben Sie einen Sitzplatz reserviert?	좌석을 예약하셨습니까?
Ich möchte einen Sitzplatz reservieren.	좌석을 예약하고 싶습니다.
Ich möchte meinen Sitzplatz ändern.	좌석을 변경하고 싶습니다.
Ist der Platz am Fenster oder am Gang?	창가 좌석인가요 복도 좌석인가요?
Muss ich die Ware vorzeigen?	물건을 보여드려야 하나요?
Kann ich die gekaufte Ware benutzen bevor ich ausreise?	구매한 물건을 출국 전에 사용해도 됩니까?
Brauche ich unbedingt den Zollstempel?	반드시 관세 검사 도장을 받아야 합니까?
Was kann ich Tax Free einkaufen?	언제 택스프리로 구매할 수 있습니까?

입구	der Eingang, Eingänge 아인강
출구	der Ausgang, Ausgänge 아우스강
비상 시	der Notfall, Notfälle 노트팔
서류	das Dokument, -e 도쿠멘트 das Formular 포뮬라
영수증	die Rechnung, -en 레히눙 der Bon, -s 본
신용카드	die Kreditkarte, -en 크레딧카르테
현금	das Bargeld 바-겔트
세금	die Steuer 슈토이어
부가가치세	die Mehrwertsteuer(MwSt.) 메-어베어트슈토이어
택스프리 서류	Formular zur Mehrwertsteuerrückerstattung 포뮬라 쭈어 메어베르츠슈토이어뤽에어슈타퉁
서명	die Unterschrift, -en 운터슈리프트
날짜	das Datum, Daten 다툼
장소	der Ort, -e 오르트
생년월일	das Geburtsdatum 게부어츠다툼
성별	das Geschlecht 게슐레히트

관광안내소

독일 도시를 여행할 때 미리 정보를 수집하지 못했다고 걱정할 필요가 없다. 각 도시마다 중앙역 내, 혹은 근처에 여행자를 위한 안내소(Touristeninformation: 투어리스텐인포마찌온)가 마련되어 있기 때문이다. 안내소에 근무하는 직원들은 대부분 영어, 스페인어, 불어 등의 외국어를 유창하게 구사하며 친절하게 응대 해 준다. 관광명소의 위치가 표시된 간단한 지도는 무료로 받을 수 있으나 자세한 정보가 표기된 지도는 구매해야 한다. 참고로 안내소 내에 방문객을 위한 화장실은 없으니 화장실에 가기 위해 안내소를 가는 헛수고는 피하자.

입국심사 받기 Prüfung

Angestellte 여권을 보여주세요.

Zeigen Sie bitte Ihren Pass, bitte.
짜이겐 지 비테 이어렌 파쓰, 비테.

Besucher 여기 있습니다.

Bitte schön.
비테 쇤.

Angestellte 독일에 왜 방문하십니까?

Wofür besuchen Sie Deutschland?
보퓌어 베죽흔 지 도이치란드?

Besucher 독일 대학교의 교환학생으로 왔습니다.

Ich studiere als Austauschstudent an einer deutschen Universität.
이히 슈트디어레 알스 아우스타우쉬슈트덴트 안 아이너 도이첸 우니베어지텥.

Angestellte 대학교의 허가증이 있습니까?

Haben Sie die Zulassung der Uni?
하벤 지 디 쭈라쑹 데어 우니?

Besucher 네. 여기 있습니다.

Ja. Bitte schön.
야. 비테 쇤.

Angestellte 독일에 얼마나 머무실 예정입니까?

Wie lange wollen Sie in Deutschland bleiben?
비 랑에 볼렌 지 인 도이치란드 블라이벤?

Besucher	6개월이요.	

6(sechs) Monate.
젝스 모나테.

Angestellte	숙소가 이미 있습니까?	

Haben Sie schon eine Unterkunft?
하벤 지 숀 아이네 운터쿤프트?

Besucher	네. 대학교 기숙사에서 지낼 것입니다.	

Ja. Ich werde im Wohnheim wohnen.
야. 이히 베어데 임 본-하임 보-넨.

Angestellte	알겠습니다. 환영합니다!	

Alles klar. Willkommen!
알레스 클라. 빌콤멘!

---

der Pass, Pässe 파쓰 여권
besuchen 베주흔 방문하다
die Universität, -en 우니베어지텔 대학교
der Austauschstudent, -en 아우스타우쉬슈투덴트 교환학생
die Zulassung, -en 쭈라쑹 허가증
der Monat, -e 모나테 달

bleiben 블라이벤 머무르다
wohnen 보-넨 거주하다
die Unterkunft, Unterkünfte 운터쿤프트 숙소
das Wohnheim, -e 본-하임 기숙사
Wofür 보퓌어 무엇을 위해
Wie lange 비 랑에 얼마나 오래
Alles klar! 알레스 클라! 알겠습니다!

생생 여행 Tip

• 비자와 체류 기간

독일은 우리나라와 셍겐조약이 맺어진 국가 중 하나로, 대한민국 국민이라면 독일에서 비자 없이 최대 90일까지 체류할 수 있다. 90일을 초과하여 체류할 경우 목적에 맞는 비자를 발급받거나 비셍겐 국가에서 90일 이상 체류 후 돌아와야 한다. 비자는 한국에서 신청해도 독일에서 다시 받아야 할 수 있기 때문에 현지에서 받는 것이 가장 안전하다.

비자는 크게 오페어비자, 워킹홀리데이비자, 어학연수비자, 유학생비자, 연구생비자, 취업준비비자, 취업비자로 나뉜다. 워킹홀리데이비자는 출국 전 국내에서 미리 발급 받아와야 하며 만 30세 이하에게 최대 1년 간 허용된다. 또한 취업준비비자는 독일소재 학교졸업자에 한해서만 발급된다. 배우자가 독일에 취업을 한 경우 다른 배우자는 동반체류비자가 나온다. 기타 자세한 사항은 독일대사관 홈페이지를 참고하자.

비자를 신청하려면 기본적으로 독일소재 거주등록증, 슈페어콘토(혹은 재정증명서), 보험가입증명서, 거주목적에 타당한 서류(예: 입학허가증, 어학원등록증)가 필요하다. 슈페어콘토란 총 체류기간에 필요한 목돈을 한번에 입금하여 재정능력을 증명하는 계좌다. 독일에서는 학생 기준으로 1년 체류기간에 필요한 금액을 약 4,000유로로 규정하고 있다. 슈페어콘토에 있는 금액이 체류 허용기간을 결정짓는 중요한 요인으로 작용하기도 한다. 모든 서류를 완벽하게 제출한 신청일로부터 최종 발급까지는 약 4~6주의 시간과 100유로의 비용이 소모된다. 이 기간 중 기존 비자나 무비자 체류 기간이 만료되어도 정상적으로 비자를 신청했다는 관청의 증빙만 있으면 문제없다.

유용한 회화 표현

🎧 2-6.mp3

Zeigen Sie Ihren Pass, bitte.	여권을 보여주세요.
Geben Sie Ihren Pass, bitte.	여권을 주세요.
Was ist der Grund Ihres Besuches?	방문 목적이 무엇입니까?
Warum besuchen Sie Deutschland?	독일에 왜 오셨습니까?
Für den Urlaub.	휴가를 보내러 왔습니다.
Für mein Auslandssemester.	교환학기를 보내러요.
um meine Familie zu besuchen.	가족을 방문하러요.
Für mein Studium.	학업을 위해서요.
Ich arbeite in Deutschland.	저는 독일에서 일합니다.
Meine Firma liegt in Deutschland.	직장이 독일에 있습니다.
Ich leite einen Laden in Düsseldorf.	뒤셀도르프에서 가게를 운영하고 있습니다.
Wo wollen Sie bleiben?	어디서 머물 계획입니까?
Haben Sie schon eine Unterkunft?	숙소는 이미 정해졌습니까?
Füllen Sie bitte das Formular aus.	이 양식을 채워주세요.
Soll ich das Formular am Schalter abgeben?	양식을 창구에 제출하면 될까요?

어휘 플러스

비자	das Visum, Visa 비줌
체류허가증	der Aufenthaltstitel, - 아우프엔트할츠티텔
세관	der Zoll 쫄
외국인	der Ausländer, - 아우스랜더
국적	die Nationalität 나찌오날리텥 Staatsangehörigkeit 슈타-츠안게회-리히카잍
숙소	die Unterkunft, Unterkünfte 운터쿤프트
주소	die Adresse, -n 아드레쎄
직업	der Beruf, -e 베루프
관광	die Reise, -n 라이제
휴가	der Urlaub, -e 우어라우브
입학허가증	die Zulassung, -en 쭈라쑹
교환학생	der Austauschstudent, -en 아우스타우쉬슈트덴트
교환학기	das Austauschsemester, - 아우스타우쉬제메스터

오스트제

독일의 동해(Ostsee: 오스트제-)는 일년 내내 관광객이 끊이지 않는 독일의 대표적인 휴양지다. 우리에게는 발트 해로 더 잘 알려져 있는 이곳은 지도상으로 독일의 북쪽에 위치하고, 스칸디나비아 반도, 덴마크의 섬, 동유럽 국가들로 둘러 싸여 있다. 독일은 전반적으로 일조량이 적고 큰 강도 많지 않아서 독일인들에게 바다와 뜨거운 해가 있는 발트 해는 단연 선호도 제 1위 휴가지라 할 수 있다. 특히 여름 휴가 시즌인 6월~8월은 극성수기로 꼽힌다. 그 외에 봄, 가을, 겨울 휴가철에는 자전거를 타거나 해산물을 즐기러 오는 관광객이 많다. 바닷길을 따라 여행하는 크루즈 여행은 일년 내내 운영되며, 패키지 여행 방식으로 진행된다.

분실한 물건 찾기 Fundsachen erkundigen

Besucher

안녕하세요. 분실물 문의를 하고 싶습니다.

**Guten Tag.
Ich möchte mich nach Fundsachen erkundigen.**

구텐 탁. 이히 뫼히테 미히 낙흐 푼트작헨 에어쿤디겐.

Ansprechpartner

안녕하세요. 무엇을 잃어버리셨나요?

Guten Tag. Was haben Sie verloren?

구텐 탁. 바스 하벤 지 페어로-렌?

Besucher

가방 하나를 잃어버렸습니다.

Ich habe eine Tasche verloren.

이히 하베 아이네 타쉐 페어로-렌.

Ansprechpartner

가방은 어떤 재질이고 무슨 색상인가요?

Aus welchem Material ist die Tasche und welche Farbe hat sie?

아우스 벨헴 마테리알 이스트 디 타쉐 운트 벨혜 파르베 핫 지?

Besucher

면 재질이고 검정색입니다.

Sie ist aus Baumwolle und schwarz.

지 이스트 아우스 바움볼레 운트 슈바르츠.

Ansprechpartner

가방에 이름이 쓰여있나요?

Steht Ihr Name auf der Tasche?

슈텔- 이어 나메 아우프 데어 타쉐?

Besucher

아니요. 가방 안에 있는 공책에 제 이름이 쓰여있습니다.

Nein. Auf dem Heft, das in der Tasche ist, steht mein Name.

나인. 아우프 뎀 헤프트, 다스 인 데어 타쉐 이스트, 슈텔- 마인 나메.

Ansprechpartner	가방에 값비싼 귀중품이 있나요? **Haben Sie Wertsachen in der Tasche?** 하벤 지 베르트작헨 인 데어 타쉐?
Besucher	아니요. 하지만 다음 주 회의에 그 공책이 꼭 필요합니다. **Nein. Aber ich brauche das Heft für eine Konferenz in der nächsten Woche.** 나인. 아버 이히 브라우헤 다스 헤프트 퓌어 아이네 콘퍼렌츠 인 데어 네히스텐 복헤.
Ansprechpartner	이 서류에 이름과 연락처, 주소를 써주세요. **Schreiben Sie bitte Ihren Namen, Ihre Telefonnummer und Ihre Adresse auf diese Unterlagen.** 슈라이벤 지 비테 이-렌 나멘, 이-레 텔레폰눔머 운트 이-레 아드레쎄 아우프 디제 운터라겐. 물건을 찾으면 저희가 전화 드리겠습니다. 한 달 까지 소요될 수 있습니다. **Wir rufen Sie an, wenn wir sie finden. Es kann bis zu einem Monat dauern.** 비어 루-펜 지 안, 벤 비어 지 핀덴. 에스 칸 비스 쭈 아이넴 모나트 다우에른.

---

die Sache, -n 작헤 물건, 것
die Tasche, -en 타쉐 가방, 주머니
verlieren (haben + verloren) 페어리-렌
　(과거완료: 페어로-렌) 잃어버리다
das Material 마테리알 물질, 재료
die Farbe 파르베 색상
die Baumwolle 바움볼레 면
schwarz 슈바르츠 검은
das Heft, -e 헤프트 공책
die Wertsache, -n 베르트작헤 귀중품
der Unterlage, -n 운터라게 서류

die Telefonnummer, -n 텔레폰눔머 전화번호
anrufen 안루펜 전화하다
die Konferenz, -en 콘페렌츠 회의
finden 핀덴 발견하다, ~라 여기다
aus welchem Material 아우스 벨헴 마테리알
　어떤 재질로
Welche Farbe 벨헤 파르베 어떤 색상
in der Tasche 인 데어 타쉐 가방 안에
in der nächsten Woche 인 데어 네히스텐 복헤
　다음 주에
Es dauert 에스 다우어트 (기간, 시간이) 걸리다

생생 여행 Tip

• 물건을 잃어버렸을 땐?

독일에서 물건을 잃어버렸을 땐 바로 경찰서로 가지 말고 가까운 Fundbüro(푼트뷔로: 분실센터)를 이용하자. 독일의 각 도시마다 중앙 분실물센터를 운영 중이며, 극장, 백화점, 박물관 등에서 수집된 분실물들을 약 6개월 간 보관한다. 만약 기차역 주변에서 물건을 분실했다면 먼저 독일 국영 철도회사 도이체반(Deutsche Bahn, DB)에서 운영하는 센터를 들러보는 게 좋다. 여행자의 많은 분실물들은 DB에서 보관하는 경우가 많기 때문이다. DB의 분실물 센터는 중앙역 내부 혹은 근처에 있다. 센터에서 바로 물건을 찾지 못하더라도 정보를 남기고 오면 추후 습득 시 연락을 받을 수 있으며, 해외에 있어서 물건을 배송 받아야 할 경우 비용은 본인 부담이다. 물건을 찾을 때에는 본인 물건임을 확인할 수 있게 신분증과 약간의 수수료(약 20유로 이상)를 챙겨가는 것이 좋다. 수수료는 보관 기간에 따라 달라진다.

프랑크푸르트 공항 내 분실물 센터

유용한 회화 표현

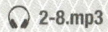

Ich habe mein Handy verloren.	핸드폰을 잃어버렸습니다.
Ich habe meine Geldbörse verloren.	지갑을 잃어버렸습니다.
Wo ist das Fundbüro im Bahnhof?	역 안에 분실물센터가 어디 있습니까?
Bei Gleis 15.	15번 플랫폼 옆에 있습니다.
Neben der Bäckerei.	베이커리 옆에 있습니다.
Wo sind Schließfächer im Bahnhof?	역 안에 사물함이 어디 있습니까?
Wo ist ein WC im Bahnhof?	역 안에 화장실이 어디 있습니까?
Gibt es eine Geldwechselstube in der Nähe vom Bahnhof?	역 근처에 환전소가 있습니까?
Kann ich einen 5 Euro Schein in Münzen wechseln?	5유로 지폐 한 장을 동전으로 바꿀 수 있을까요?
Ich möchte einen 5 Euro Schein in Münzen wechseln.	5유로 지폐 한 장을 동전으로 바꾸고 싶습니다.

어휘 플러스

핸드폰	das Handy, -s 핸디
지갑	die Geldbörse, -n 겔트뵈어제
중앙역	der Hauptbahnhof, Hauptbahnhöfe 하웁반호
기차역	der Bahnhof 반호
지하철역	der Ubahnhof 우-반호
고속버스역	der Fernbusbahnhof 페언부스반호
공항	der Flughafen, Flughäfen 플룩하펜
터미널	das Terminal, -s 터미널
플랫폼	das Gleis, -e 글라이스
사물함	das Schließfach, Schließfächer 슐루스팍흐
베이커리	die Bäckerei, -en 베커라이
카페	das Café, -s 카페
(창구형) 환전소	die Wechselstube, -n 벡셀슈투베
환전	der Geldwechsel 겔트벡셀
유로로 환전하다	gegen Euro wechseln 게겐 오이로 벡셀른

슈바르츠발트

독일어로 검은숲이라는 뜻의 Schwarzwald(슈바르츠발트)는 Baden-Württemberg(바덴-뷔르템베르크) 주에 위치한 산악 지역으로, 중지대 산맥들 중 독일에서 가장 높고(최고도 1493m) 큰 규모를 자랑한다. 바다를 좋아하는 관광객에겐 북부의 Ostsee(오스트제)가, 산을 좋아하는 관광객에겐 독일의 알프스라 불리는 Zugspitze(쭉슈피체)와 더불어 이곳 Schwarzwald(슈바르츠발트)가 1순위 휴양지다.

봄, 여름, 가을이면 등산과 산악자전거를, 겨울에는 알파인 스키를 즐기는 관광객들로 쉴 틈이 없다. 산맥 중 상대적으로 고도가 높은 곳은 남(南)슈바르츠발트의 Feldburg(펠트부르크) 지역으로 매년 1800~2100mm의 비나 눈이 온다. 반대로 강수량이 가장 적은 곳은 산맥의 중부 지역이다. 산맥의 Triberg(트리베르크)와 Titisee(티티제) 지역 사이에 위치한 지역들은 예로부터 원목시계로 유명하다. 실제로 1730년부터 개인 시계공방이 존재했고, 19세기에 접어들며 본격적으로 나무로 시계를 만들기 시작했다고 한다. 지금은 상당 수가 기업의 형태로 발전하여 목재시계뿐 아니라 현대식 시계와 각종 장식품과 장신구를 생산하고 있다.

3
호텔

호텔 체크인 하기
룸서비스 이용하기
불만 제기하기
호텔 체크아웃 하기

호텔 체크인 하기 Einchecken

Gast 안녕하세요. 방을 하나 예약했습니다.

Guten Tag. Ich habe ein Zimmer reserviert.
구텐 탁. 이히 하베 아인 찜머 레저비어트.

Rezeption 성함이 어떻게 되시나요(어떤 이름으로요)?

Auf welchen Namen, bitte?
아우프 벨헨 나멘, 비테?

Gast 제 이름은 율리아 그로스입니다.

Mein Name ist Julia Groß.
마인 나메 이스트 율리아 그로쓰.

Rezeption 잠시만요… 네, 그로스 씨. 2박 숙박 예정이시죠, 맞나요?

Einen kleinen Moment… Ja, Frau Groß. Sie übernachten 2(zwei) Nächte, richtig?
아이넨 클라이넨 모멘트… 야, 프라우 그로쓰. 지 위버낙흐텐 쯔바이 네히테. 리히티히?

350호 방입니다. 여기 카드키를 드리겠습니다.

Sie sind in Raum 350(dreihundertfünfzig). Hier ist die Schlüsselkarte.
지 진트 인 라움 드라이훈데르트퓐프찌히. 히어 이스트 디 슐뤼쎌카르테.

엘리베이터를 타고 3층에 가서 왼쪽으로 가세요.

Sie können den Aufzug in den 3.(dritten) Stock nehmen, gehen Sie dann nach links.
지 쾬넨 덴 아우프쭉 인 덴 드리튼 슈톡 네멘, 게엔 지 단 낙흐 링스.

Gast 알겠습니다. 조식 포함인가요?

In Ordnung. Ist das Frühstück inklusive?
인 오드눙. 이스트 다스 프뤼슈튁 인클루시베?

Rezeption	아니요. 10유로로 (식사)쿠폰을 사실 수 있습니다. **Nein. Sie können einen Gutschein für 10**(zehn) **Euro kaufen.** 나인. 지 퀸넨 아이넨 굳샤인 퓌어 펜 오이로 카우펜.
Gast	네. 그럼 2장 사고 싶습니다. **OK. Dann möchte ich bitte zwei.** 오케이. 단 뫼히테 이히 비테 쯔바이. 엘리베이터는 어디 있나요? **Wo ist der Aufzug?** 보 이스트 데어 아우프쭉?
Rezeption	고객님 바로 뒤편에 있습니다. **Direkt hinter Ihnen.** 디렉트 힌터 이-넨.

das Zimmer, - 찜머 방
reservieren 레저비어렌 예약하다
auf welchen Namen 아우프 벨헨 나멘 어떤 이름으로
der Moment, -e 모멘트 순간, 찰나
die Nacht, Nächte 낙흐트 밤(21시 이후)
übernachten 위버낙흐텐 숙박하다, 밤을 보내다
der Raum, Räume 라움 방, 공간
die Schlüsselkarte, -n 슐뤼쎌카르테 열쇠카드

der Aufzug, Aufzüge 아우프쭉 엘리베이터
der Stock, -e 슈톡 층
nach links 낙흐 링스 왼쪽으로
das Frühstück, -e 프뤼슈튁 아침식사
inklusive 인클루시베 포함된
der Gutschein, -e 굳샤인 쿠폰, 상품권
kaufen 카우펜 구매하다
direkt 디렉트 직접, 곧바로
hinter 힌터 뒤편에

생생 여행

숙소 정보 알아보기

어느 여행지나 그렇듯 독일의 숙소도 크게 호스텔과 호텔로 나뉘고, 호스텔은 다시 독일 공식 유스호스텔(Jugendherberge: 유겐트헤어베르게, 줄여서 DJH)과 개인이 운영하는 호스텔로 나뉜다. 공식 유스호스텔은 전 세계에 약 4000개의 지점을 갖고 있으며 그 중 가장 많은 500개 지점이 독일에 있다.

DJH의 장점은 시기마다 다양한 특가상품이 있다는 점과 단체 손님들에게 엑티비티룸을 무료로 제공한다는 점이다. 또한 음악, 스포츠, 세미나 등 다양한 프로그램을 운영하다 보니 상대적으로 개인 손님보다는 단체 손님이 받을 수 있는 혜택이 더 많다. 개인 관광객이라면 요구 조건과 가격을 여러 사이트에서 꼼꼼히 따져보고 예약하는 게 좋다.

독일의 호스텔이나 호텔은 대부분 조식이 포함 되어있지 않고 식사권을 따로 구매 해야 한다. 헤어드라이기나 자물쇠 같은 편의시설도 보증금을 내야하는 경우가 많으니 체크인을 할 때 현금을 20유로 정도 갖고 있는 게 편리하다. 또한 호스텔에서는 도난사고가 잦으므로 자리를 비울 때엔 항상 귀중품을 소지하는 것이 좋다.

유용한 회화 표현

🎧 3-2.mp3

Haben Sie ein freies Zimmer für zwei Personen?	2인실 빈 방이 있나요?
Ich möchte ein Zimmer für zwei Personen. (= **Ich möchte ein Doppelzimmer reservieren.**)	2인실 하나를 예약하고 싶습니다.
Ich möchte ein Zimmer reservieren.	방 하나를 예약하고 싶습니다.
Ich will zwei Nächte übernachten.	이틀 묵을 예정입니다.
Ich habe online ein Zimmer reserviert.	방 하나를 온라인으로 예약했습니다.
Ich habe telefonisch ein Zimmer reserviert.	방 하나를 전화로 예약했습니다.
Ich möchte ein Zimmer für Nichtraucher.	비 흡연자용 방 하나를 예약하고 싶습니다.
Kann ich mit Kreditkarte zahlen?	신용카드로 지불할 수 있습니까?

오늘	**heute** 호이테
내일	**morgen** 모르겐
모레	**übermorgen** 위버모르겐
프런트	**die Rezeption, -en** 레쩹찌온
예약(예약하다)	**die Reservierung, -en (reservieren)** 레저비어룽 (레저비어렌)
취소(취소하다)	**das/der Storno (stornieren)** 슈토르노 (슈토르니어렌)
1인실	**das Einzelzimmer, -** 아인쩰찜머
2인실	**das Doppelzimmer, -** 도펠찜머
직원	**der Mitarbeiter, -** 밑아르바이터
위치	**der Ort, -e** 오르트
시설	**die Einrichtung, -en** 아인리히퉁
무료 와이파이	**kostenloses WLAN** 코스텐로제스 벨-란
짐 보관실	**der Gepäckraum, Gepäckräume** 게펙라움
비흡연자	**der Nichtraucher, -** 니히트라욱허
지도	**der Stadtplan, Stadtpläne** 슈타트플란
주차	**der Parkplatz, Parkplätze** 파크플라쯔
아침식사	**das Frühstück, -e** 프뤼슈튁
헤어드라이기	**der Föhn, -e** 푄-
세탁기	**die Waschmaschine, -n** 바쉬마쉬네

 ## 독일의 문 손잡이는 장식?

독일 건물의 문을 유심히 보면 보통 밖에서는 열쇠 없이 열지 못하게 되어있다. 즉 우리나라처럼 번호를 입력하는 디지털형이나 문고리가 돌아가는 회전형, 미닫이 형은 거의 볼 수 없고 문 손잡이는 정말로 '붙잡는' 역할 외엔 무용지물인 경우가 많다. 문을 열 때는 열쇠를 넣고 돌린 채 힘있게 밀어야 한다. 그래서 만약 열쇠를 깜빡하고 집 안에 두고 문을 닫아버렸다면 다시 열 방법이 없다. 보통 건물 앞 정원 출입문과 건물 현관 열쇠가 통일 되어있고, 신축 건물은 집까지 하나의 열쇠로 모두 개폐 가능한 경우도 있다. 닫혀버린 문을 열려면 열쇠공을 불러야 하는데, 거리가 가깝던 멀던 60유로~100유로는 족히 든다. 심야시간이나 주말의 경우 추가 수수료가 붙는다. 운이 좋으면 기존의 잠금장치를 계속 쓸 수 있지만 모두 뜯고 새로 설치해야 하는 경우 새 장치비와 설치비까지 추가된다. 독일에서 가장 단시간 내 최대 지출을 할 수 있는 부분이니 외출 시 반드시 열쇠를 챙겨야 한다.

룸서비스 이용하기 Zimmerservice verwenden

(전화 통화)

Rezeption 안녕하세요, 무엇을 도와드릴까요?

Guten Morgen, was kann ich für Sie tun?
구텐 모르겐, 바스 칸 이히 퓌어 지 툰?

Gast 안녕하세요. 제 방(침대)에서 아침식사를 받을 수 있을까요?

Guten Morgen. Kann ich mein Frühstück ans Bett bekommen?
구텐 모르겐. 칸 이히 마인 프뤼슈튁 안스 벹 베콤멘?

Rezeption 물론입니다. (아침식사로) 무엇을 드시고 싶은가요?

Selbstverständlich. Was möchten Sie frühstücken?
젤브스트페어슈텐들리히. 바스 뫼히텐 지 프뤼슈튀켄?

Gast 작은 빵 두 개, 치즈, 잼과 카푸치노 한잔 주세요.

Zwei Brötchen, Käse, Marmelade und einen Cappuccino, bitte.
쯔바이 브룃헨, 케제, 마멜라데 운트 아이넨 카푸치노, 비테.

Rezeption 어떤 빵 종류를 원하십니까? 통밀빵, 단백질빵이 있습니다.

Welche Brötchen möchten Sie? Wir haben Vollkornbrot und Eiweißbrot.
벨혜 브룃헨 뫼히텐 지? 비어 하벤 폴콘브롯 운트 아이바이쓰브롯.

Gast 음. 통밀빵이 좋습니다. 혹시 오렌지 잼이 있나요?

Hmm. Ich hätte gerne Vollkornbrot. Haben Sie vielleicht Orangenmarmelarde?
흠. 이히 해테 게어네 폴콘브롯. 하벤 지 필라이힡 오랑첸마멜라데?

Rezeption	없습니다. 저희는 딸기잼과 블루베리잼만 있습니다. **Leider nicht. Wir haben nur Erdbeer- und Heidelbeermarmelade.** 라이더 니히트. 비어 하벤 누어 에어트베어 운트 하이델베어마멜라데.
Gast	알겠습니다. 그럼 딸기잼으로 하겠습니다. **In Ordnung. Dann nehme ich Erdbeermarmelade.** 인 오드눙. 단 네-메 이히 에어트베어마말라데.
Rezeption	방 번호가 어떻게 되세요? **Wie ist Ihre Zimmernummer?** 비 이스트 이-레 찜머눔머?
Gast	550호요, 6층입니다. **550(fünfhundertfünfzig), im 6.(sechsten) Stock.** 퓐프훈데르트퓐프찌히, 임 젝스텐 슈톡.

---

das Bett, -en 벹 침대
in meinem Bett 인 마이넴 벹 내 침대에서
bekommen 베콤멘 받다
das Brötchen, - 브룃헨 (주먹만 한 작은) 빵
die Marmelade, -n 마멜라데 잼
der Cappuccino, -s 카푸치노 카푸치노

das Vollkornbrot, -e 폴콘브롵 통밀빵
das Eiweißbrot, -e 아이바이쓰롵 단백질빵
die Erdbeere, -n 에어트베-레 딸기
die Heidelbeere, -n 하이델베-레 블루베리
Selbstverständlich 젤브스트페어슈텐들리히 물론입니다, 그럼요

생생 여행 Tip

• 호텔 셔틀버스

공항 근처에 있는 상당수의 호텔들은 고객의 편의를 위해 셔틀버스를 운영하고 있다. 특히 프랑크푸르트 공항에는 호텔버스 전용 정류장이 있는데, Terminal 1의 Ebene 1 그리고 Terminal 2의 Bereich(구역) D/E 출구로 나가면 찾을 수 있다. 보통 30분~1시간 마다 한 대씩 운행하며 여러 호텔이 한 대의 버스를 이용하는 경우도 있다. 이곳에서 버스를 운행하는 호텔은 총 22곳이며, 대부분 무료이지만 개인 호텔의 경우 비용이 발생할 수 있다. 프랑크푸르트처럼 규모가 크지 않은 공항은 정류소가 눈에 띄지 않으니 호텔에 미리 문의하는 게 좋다.

* 프랑크푸르트공항 호텔 셔틀버스 정보: www.frankfurt-airport.com

유용한 회화 표현

🎧 3-4.mp3

Was kann ich für Sie tun?	무엇을 도와드릴까요?
Bieten Sie Zimmerservice an?	룸서비스를 제공합니까?
Kann ich mein Frühstück im Zimmer nehmen?	아침식사를 방에서 받을 수 있을까요?
Ab wie viel Uhr kann man frühstücken?	몇 시부터 아침식사를 할 수 있습니까?
Wo ist ein Café?	카페가 어디예요?
Wo ist ein Supermarkt?	슈퍼마켓이 어디예요?
Gibt es eine Sauna?	사우나가 있습니까?
Gibt es eine Apotheke?	약국이 있습니까?
Haben Sie ein Fitnessstudio?	피트니스 스튜디오가 있습니까?
Haben Sie ein Schwimmbad?	수영장이 있습니까?
Wo kann man in den Shuttle-Bus einsteigen?	어디서 셔틀버스를 탑승할 수 있습니까?

서비스	der Service, -s 서비스
환전	der Geldwechsel, - 겔트벡셀
여행자 안내소	die Touristeninformation, -en 투어리스텐인포마찌온
현금인출기	der Geldautomat, -en 겔트아우토맡
흡연실	das Raucherzimmer, - 라욱허찜머
수영장	das Schwimmbad, Schwimmbäder 슈빔밭-
야외수영장	das Freibad, Freibäder 프라이밭-
체력단련시설	der Fitnessraum, Fitnessräume 피트니스라움
사우나	die Sauna, Saunen 사우나
알람시계	der Wecker, - 베커
친절한	freundlich 프로인들리히
불친절한	unfreundlich 운프로인들리히
욕조	die Badewanne, -n 바데반네
샤워시설	die Dusche, -n 두쉐
고급호텔	das Luxushotel, -s 룩수스호텔
로비	die Lobby, -s 로비
엘리베이터	der Fahrstuhl, Fahrstühle 파-슈툴

호텔 미니바 폐지

늦은 밤, 피곤한 몸을 이끌고 호텔 방으로 들어가면 가장 먼저 눈에 띄는 건 시원한 음료와 간식거리가 준비된 미니바이다. 그런데 독일 호텔들은 몇 년 전부터 이 미니바를 점점 없애고 있는 추세다. 고객들의 사용률이 너무 낮고 유지비를 감당하기 어렵기 때문이다. 미니바가 없는 객실 고객들은 호텔 리셉션 근처에 음료 자판기나 호텔 식당을 이용하면 된다. 과거에는 4성급 이상의 호텔이라면 모든 방에 미니바 설치가 의무였지만 이 규제도 2015년부터 삭제, 각 층마다 최소 한 대 이상의 음료 구매 시설을 설치하도록 변경했다. 단, 5성급 이상 혹은 규모가 큰 호텔은 각 방마다 미니바를 의무적으로 설치해야 한다. 그러므로 4성급 이하의 독일 호텔에서 미니바가 없다고 서운해 하지 말고 프런트에서 음료를 구입하자!

불만 제기하기 sich beschweren

Gast 250호 방에 숙박중인 빈터라고 합니다.

Ich bin aus Zimmer 250(zweihundertfünfzig), Winter ist mein Name.
이히 빈 아우스 찜머 쯔바이훈데르트퓐프찌히, 빈터 이스트 마인 나메.

방에 한 가지 문제가 있습니다.

Ich habe ein Problem mit dem Zimmer.
이히 하베 아인 프로블렘 밑 뎀 찜머.

Rezeption 네, 무엇이 문제인가요?

Ja, was ist das Problem?
야, 바스 이스트 다스 프로블렘?

Gast 난방시설에 문제가 있습니다. 5단계까지 올렸는데 작동하지 않았어요.

**Das Problem ist die Heizung.
Sie funktioniert nicht, obwohl ich auf Stufe 5(fünf) hochgedreht habe.**
다스 프로블렘 이스트 디 하이쭝.
지 풍찌오니어트 니히트, 옵볼 이히 아우프 슈투페 퓐프 혹흐게드렡- 하베.

가능하면 방을 바꾸고 싶습니다.

Wenn es möglich, möchte ich das Zimmer wechseln.
벤 에스 뫼글리히, 뫼히테 이히 다스 찜머 벡셀른.

Rezeption 빈 방이 있는지 보겠습니다.

Ich schaue nach, ob wir eins frei haben.
이히 샤우에 낙흐, 옵 비어 아인스 프라이 하벤.

현재 묵고 있는 방 바로 맞은편 201호 방이 아직 비어있습니다.

Das Zimmer 201(zweihunderteins) direkt gegenüber Ihrem Zimmer ist noch frei.
다스 찜머 쯔바이훈데르트아인스 디렉트 게겐위버 이어렘 찜머 이스트 녹흐 프라이.

Gast

지금 바로 201호 방으로 옮겨도 되나요?

Können wir gleich in Zimmer 201 umziehen?
쾬넨 비어 글라이히 인 찜머 쯔바이훈데르트아인스 움찌-엔?

Rezeption

네, 물론입니다. 여기 카드 키 있습니다.

Ja, klar. Hier ist Ihre neue Schlüsselkarte.
야, 클라. 히어 이스트 이-레 노이에 슐뤼쎌카르테.

---

das Problem, -e 프로블렘 문제
Problem mit A 프로블렘 밑 A A에 대한 문제
die Heizung, -en 하이쭝 난방시설
funktionieren 풍찌오니어렌 작동하다
die Stufe, -n 슈투페 단계
hoch 혹흐 높은
drehen 드레-엔 돌리다
möglich 뫼글리히 가능한
wenn es möglich ist 벤 에스 뫼글리히 이스트
  가능하면

wechseln 벡셀른 교체하다, 바꾸다
ob... 옵 …인지 아닌지
nach.schauen 낙흐샤우엔 살펴보다
frei 프라이 비어있는
gegenüber A(Dat.) 게겐위버 A
  A(3격 목적어) 맞은편에
gleich 글라이히 곧, 바로
umziehen 움찌엔 이사하다

생생 여행
Tip

● 독일의 맥주 순수령

'독일'하면 떠오르는 것 중 하나가 바로 '맥주'이다. 벨기에, 체코, 영국 등 주변에 맥주로 유명한 유럽국들이 많은데도 불구하고 독일이 여전히 '맥주의 나라'로 불리는 이유는 500년이 넘도록 지키고 있는 '맥주 순수령(Reinheitsgebot: 라인하이츠게보트)' 때문일 것이다. 'rein(라인)'은 독일어로 '순수하다'는 의미로, 맥주 제조에 물, 보리, 홉 세 가지 외의 재료를 금지한다는 명령이다. 이 령은 1516년 바이에른 공화국의 왕 빌헬름 4세와 루드비히 10세가 처음 조례했다. 그 전까지만 해도 독일공국은 밀을 주 재료로하여 보리, 로즈마리, 산딸기, 버드나무 등 각종 재료를 사용하여 맥주를 제조해 왔는데, 밀이 주식인 빵의 원료이다보니 제빵업자와 양조업자간의 갈등이 잦은 것은 물론, 재료에 포함된 독성물질 때문에 사람들이 맥주를 마시고 환각상태에 빠지기도 했으며, 맥주 맛도 일관성이 없었다. 이를 방지하기 위한 방책이 바로 순수령 선포였다. 프로이센의 독일공국 통일 이후 맥주 순수령은 독일 전역에 적용되었다. 사실 보리보다는 밀로 만든 맥주가 더 맛있어서 나중에는 밀맥주 제조를 허가하게 되는데, 독일에서 가장 흔히 볼 수 있는 '바이쩬비어(Weizenbier)'가 바로 밀과 보리를 섞어 만든 맥주다. 추후 19세기에 효모가 발명되어 맥주 순수령에 해당하는 재료는 총 네 가지가 된다(공식적으로 밀은 숫자에 포함시키지 않음). 이 순수령은 세계적으로 '독일 맥주'의 입지와 특징을 굳건하게 하는 데 큰 역할을 했다.

유용한 회화 표현

🎧 3-6.mp3

Die Heizung funktioniert nicht.	난방 시설이 작동하지 않습니다.
Das Zimmer ist nicht sauber.	방이 깨끗하지 않습니다.
Die Klimaanlage ist kaputt.	에어컨이 작동하지 않습니다.
Das Nachbarnzimmer ist zu laut.	옆방이 너무 시끄럽습니다.
Wegen des Lärms kann ich nicht schlafen.	소음 때문에 잠을 잘 수 없습니다.
Können Sie das Zimmer wechseln?	방을 바꿔 주실 수 있나요?
Ich möchte ein anderes Zimmer.	다른 방을 원합니다.
Ich habe zwei Probleme mit dem Zimmer.	방에 두 가지 문제가 있습니다.
Das erste Problem ist die Heizung.	첫 번째 문제는 난방시설입니다.
Das zweite Problem ist die Wartezeit im Frühstücksraum.	두 번째 문제는 조식 식당의 대기시간 입니다.
Wir wollten gestern eigentlich früh los, aber wir mussten 50 Minuten warten um zu frühstücken.	저희는 어제 원래 일찍 나가려고 했는데, 아침식사를 하기 위해 50분이나 기다려야 했습니다.
Entschuldigen Sie bitte.	죄송합니다. / 실례합니다.
Ich entschuldige mich für die Umbequemlichkeit.	불편을 끼쳐 죄송합니다.
Ich entschuldige mich im Namen des ganzen Hauses dafür.	저희 호텔 이름을 걸고 사과 드립니다.

* sich entschuldigen für A
　A에 대해 미안해하다, 사과하다

어휘 플러스

첫째로, 일단, 우선	**erst** 에어스트
둘째로, 제2의	**zweite** 쯔바이테
대기시간	**die Wartezeit, -en** 바르테짜잍
작동하다	**funktionieren** 풍찌오니어렌
고장난	**kaputt** 카풑
따뜻한	**warm** 밤-
뜨거운	**heiß** 하이쓰
차가운	**kalt** 칼트
시원한	**kühl** 퀼-
인터넷	**das Internet** 인터넷
인터넷 연결	**die Internetverbindung, -en** 인터넷페어빈둥
수신상태	**der Empfang, Empfänge** 엠팡
와이파이	**das WLAN** 벨-란-
욕조	**die Badewanne, -n** 바데반네
수건	**das Tuch, Tücher** 툭ㅎ
세면대	**das Becken, -** 베켄
비누	**die Seife, -n** 자이페
칫솔	**die Zahnbürste, -n** 짠-뷔어스테
치약	**die Zahnpasta, Zahnpasten** 차안-파스타

독일인의 약속 개념

독일이 궁금해

독일인들은 시간 약속을 잘 지키기로 유명하다. 한국뿐 아니라 다른 외국인들도 '독일'하면 떠오르는 이미지를 연상하는 과정에서 '시간 엄수(Pünktlichkeit: 핑크틀리히카이트)'를 빼놓지 않는다. 어떻게 하다가 독일은 시간 엄수의 나라라는 별명을 갖게 되었을까? 여러가지 설이 있지만 그 중 하나는 '독일의 교통시스템'이다. 기차, 트람, 버스, 비행기, 배 등 모든 교통시설을 동시에 운행하다보니 시간을 엄수하지 않으면 도미노처럼 다른 시설에 큰 영향을 미치게 된다. 실제로 독일의 모든 교통수단은 (트람이나 버스도) 정해진 시간표에 따라 운행된다. 프랑크푸르트의 교통센터 RMV는 10분 연착 시, 독일공영철도(DB)는 60분 이상 연착 시 표 값 환불 정책을 시행하고 있다. 다른 설은, 오래 전부터 굳어져 온 독일인들의 철학이나 생활습관에서 비롯됐다고 한다. 철학자 임마누엘 칸트는 새벽 5시에 기상, 7시에 대학강의를 듣고 9시부터 오후 1시까지 책 작업을 한 뒤, 3시 반에는 산책, 밤 10시에 잠자리에 드는 규칙적인 생활을 한 것으로 유명하다. 물론 그렇다고 하여 모든 독일인이 시간에 매우 엄격하며 모든 교통시설이 항상 제시간에 오는 것은 아니다. 그러나 사람 간의 신뢰와 생활의 편의를 위해 시간 약속을 진지하게 여기는 태도는 어디서나 좋은 평가의 대상이 될 것이다.

"Pünktlichkeit ist die Höflichkeit der Könige
(시간 엄수는 왕의 예절이다)"

호텔 체크아웃 하기 Auschecken

Rezeption 안녕하세요. 무엇을 도와드릴까요?

Guten Morgen. Was kann ich für Sie tun?

구텐 모르겐. 바스 칸 이히 퓌어 지 툰?

Gast 제 이름은 슈테판 슈나이더입니다. 체크아웃 하고 싶습니다.

Mein Name ist Stefan Schneider. Ich möchte auschecken.

마인 나메 이스트 슈테판 슈나이더. 이히 뫼히테 아우스췌크.

Rezeption 아, 휴가가 벌써 끝나셨군요.

Ah, Ihr Urlaub ist schon vorbei.

아, 이어 우얼라웁 이스트 숀 포어바이.

Gast 네, 아쉽게도요. 집에 돌아가야지요.

Ja, leider. Wir müssen nach Hause fahren.

야, 라이더. 비어 뮈쎈 낙흐 하우제 파-렌.

Rezeption 저희 호텔은 마음에 드셨나요?

Hat Ihnen unser Hotel gefallen?

할 이-넨 운저 호텔 게팔렌?

Gast 물론이죠. 위치도 중심가이고 방도 매우 깨끗했어요.

Absolut. Die Lage ist zentral und das Zimmer war sehr sauber.

압솔루트. 디 라게 이스트 쩬트랄 운트 다스 찜머 바 제어 자우버.

Rezeption 정말 감사합니다, 아주 좋네요. 108호 객실에 머무셨군요, 슈나이더 씨. 미니바에서 무언가 드셨나요?

Vielen Dank, das freut mich. Sie waren im Zimmer 108(einhundertacht), Herr Schneider. Haben Sie etwas aus der Minibar getrunken?

필렌 당크, 다스 프로이트 미히. 지 바렌 임 찜머 아인훈데르트악흐, 헤어 슈나이더. 하벤 지 에트바스 아우스 데어 미니바 게트룽켄?

Gast	콜라 하나요.
	Eine Cola.
	아이네 콜라.
Rezeption	여기 객실과 콜라 영수증입니다. 모두 합해 650유로 입니다.
	Hier ist die Rechnung für das Zimmer und eine Cola. Insgesamt sind es 650(sechshundertfünfzig) **Euro.**
	히어 이스트 디 레히눙 퓌어 다스 찜머 운트 아이네 콜라. 인스게잠트 진트 에스 젝스훈데르트퓐프찌히 오이로.
Gast	신용카드로 지불하고 싶습니다.
	Ich möchte mit Kreditkarte zahlen.
	이히 뫼히테 밑 크레딧카르테 짤-렌.
Rezeption	네, 좋습니다. 감사합니다.
	Ja, gerne. Danke schön.
	야, 게어네. 당케 쇤.

---

aus.checken 아우스체큰 체크아웃하다
der Urlaub 우얼라웁 휴가
vorbei 포어바이 통과하여, 지나간
Der Urlaub ist vorbei.
　데어 우얼라웁 이스트 포어바이. 휴가가 끝났다.
nach Hause 낙흐 하우제 집으로
gefallen + (사람) 게팔렌 (사람)에게 맘에들다
die Lage, -n 라-게 위치

zentral 첸트랄 중앙의, 중심의
sauber 자우버 깨끗한, 깔끔한
die Minibar, -s 미니바 미니바
die Cola, -s 콜-라 콜라
die Rechnung, -en 레히눙 영수증
insgesamt 인스게잠트 합산하여
die Kreditkarte 크레딧카르테 신용카드
zahlen 짤렌 지불하다

생생 여행 Tip

• 보덴제

독일 북부에 Nordsee(노드제: 북해)가 대표 여행지라면 남부에는 Bodennsee(보덴제: 보덴 호수)가 있다. 보덴제는 독일도시 콘스탄츠(Konstanz)와 프리드리히스하펜(Freidrichshafen)에 걸쳐 볼 수 있으며 오스트리아, 스위스, 독일의 국경 사이에 놓여있다. 날씨가 맑은 봄이나 여름에 가면 동화 같

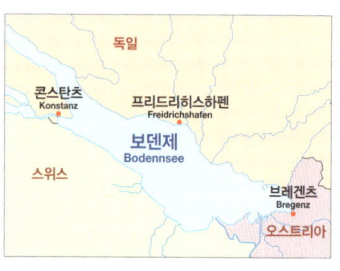

은 경치를 감상할 수 있다. 콘스탄츠에서 접근 시 스위스에 도보로 갈 수 있으니 스위스 여행과 함께 계획하면 좋다. 오스트리아에서 보덴제를 보려면 브레겐츠(Bregenz)로 가면 된다. 보덴제 호수 위에 설치된 무대에서 펼쳐지는 오페라는 이곳의 명물 중 하나다. 공연은 여름 휴가시즌(7~8월)에 집중적으로 있으므로 미리 확인 후 표를 끊어야 한다.

* 브레겐츠 호수무대공연 일정/예약: www.bregenzerfestspiele.com

유용한 회화 표현

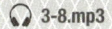

Ich möchte aus meinem Zimmer auschecken.	방을 체크아웃 하고 싶습니다.
In welchem Zimmer haben Sie übernachtet?	어떤 방에 숙박하셨나요?
Gibt es einen Shuttle-Bus zum Flughafen?	공항으로 가는 셔틀버스가 있나요?
Können Sie mir ein Taxi rufen?	택시를 불러주실 수 있나요?
Kann ich mit Kreditkarte zahlen?	신용카드로 지불해도 되나요?
Kann ich in Raten zahlen?	할부로 지불해도 되나요?
Kann ich mit bar zahlen?	현금으로 지불해도 되나요?
Haben Sie Gratis-Kaffee?	무료제공 커피가 있나요?
Haben Sie einen Stadtplan für Touristen?	관광객을 위한 지도가 있나요?

(너비가) 넓은	**breit**	브라이트
(너비가) 좁은	**schmal**	슈말
고장난	**kaputt**	카풋
수리하다	**reparieren**	레파리어렌
팁	**das Trinkgeld**	트링겔트
베게	**das Kopfkissen, -**	콥프키쎈
이불	**die Decke, -n**	데케
미니바	**die Minibar, -s**	미니바
콜라	**die Cola, -s**	콜라
물	**das Wasser**	바써
커피	**der Kaffee**	카페
할부로	**in Raten**	인 라텐
분할지불	**die Ratenzahlung, -en**	라텐짤룽
벨보이	**der Kofferträger, -**	코퍼트레거
메이드	**das Zimmermädchen, -**	찜머멛헨
호텔 평가	**die Hotelbewertung, -en**	호텔베베어퉁

독일인은 구두쇠?

독일인은 근검절약하기로 유명하다. 실제로 남녀노소와 생활수준을 불문하고 독일인들의 생활에는 '절약'이 몸에 배어 있다. 물, 전기와 같은 에너지는 물론이며 평일에 텅텅 비어 있던 상점에도 세일 기간에는 발 디딜 틈이 없어진다. 이처럼 독일인들이 '구두쇠'라는 이미지를 가질 정도로 절약하는 이유는 독일 사회에서 암묵적으로 절약 정신이 올바르고 이성적인 인간의 미덕으로 여겨져 왔기 때문이다. 이성주의 철학자 임마누엘 칸트는 "절약은 올바르게 생각하는 인간의 이성적인 행동"이라고 했다.

또 다른 이유는 매우 현실적이고 쉽게 추측할 수 있다. 독일의 에너지 사용료가 다른 나라들에 비해 비싸기 때문이다. 1인 가구 평균 전기세는 한 달에 약 40유로, 15평 기준 원룸의 난방(온수)비용은 최소 45유로다. 난방비가 집세에 포함 되어있다 해도 고정금액이 아니기 때문에 항상 신경을 써야 한다. 매일 집안의 등을 훤히 켜고 따뜻한 물로 반신욕을 한다면 1년 뒤 난방비 폭탄을 맞을 수 있다. (독일의 전기세와 난방비는 선불제다. 1년에 한 번 정산하여 덜 쓴 금액은 돌려주고, 더 쓴 금액은 추가로 청구한다.)

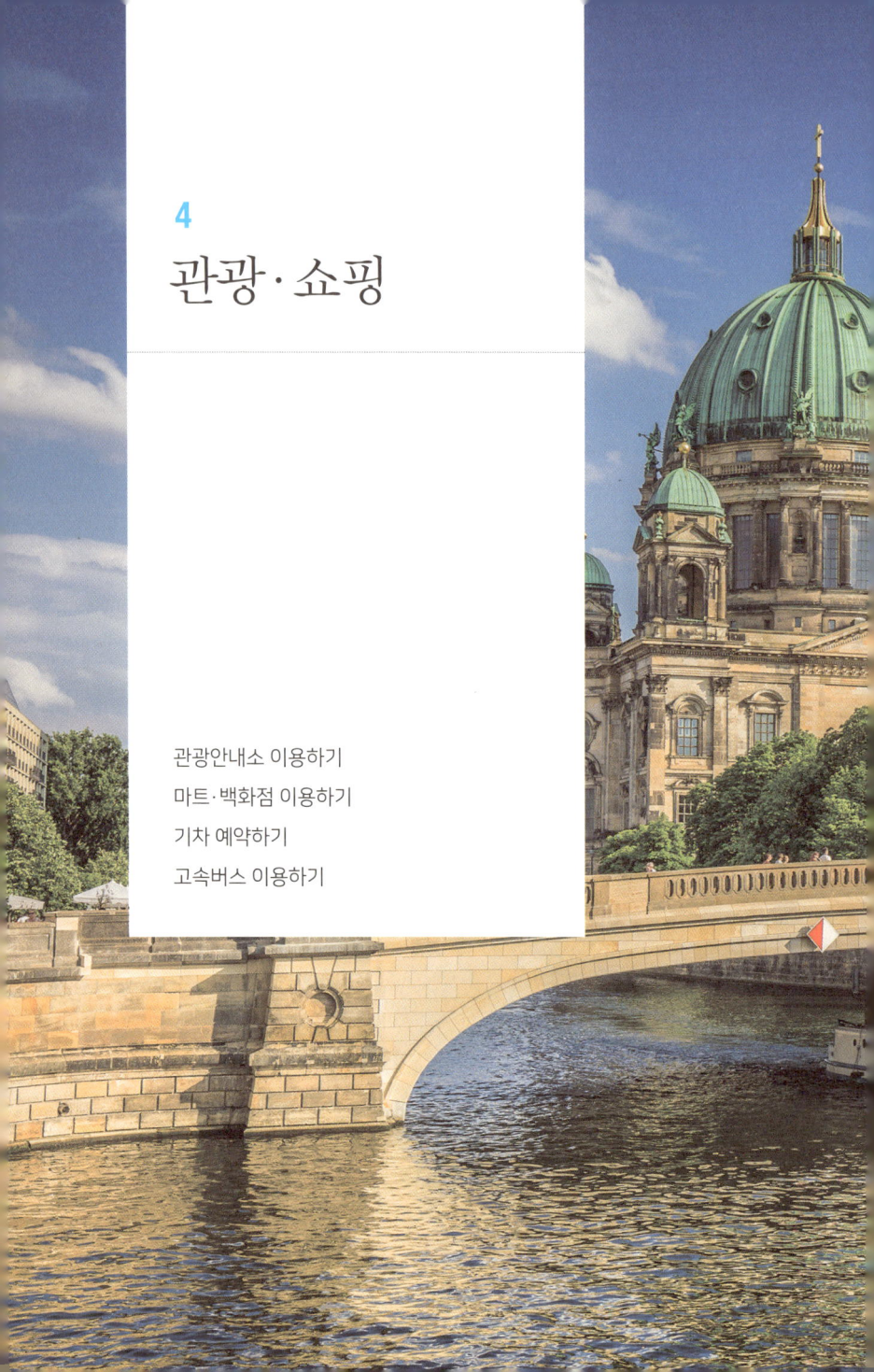

4
관광·쇼핑

관광안내소 이용하기
마트·백화점 이용하기
기차 예약하기
고속버스 이용하기

관광안내소 이용하기 Touristeninformation

Tourist 안녕하세요, 쾰른 시내를 구경하고 싶어요.

Guten Tag, ich möchte die Innenstadt von Köln besichtigen.
구텐 탁, 이히 뫼히테 디 인넨슈타트 폰 쾰른 베지히티겐.

어떤 방법이 있나요?

Welche Möglichkeiten habe ich?
벨헤 뫼글리히카이텐 하베 이히?

Mitarbeiter 시내투어버스를 타시거나 그룹 가이드에 참여하실 수 있습니다.

Sie können entweder den Stadtrundfahrtbus nehmen oder an einer Gruppenführung teilnehmen.
지 쾬넨 엔트베더 덴 슈타트룬트파르트부스 네-멘 오더 안 아이너 그루펜퓌어룽 타일네멘.

Tourist 투어버스는 어디에서 출발합니까?

Wo fährt der Tourbus ab?
보 페어트 데어 투어부스 압?

Mitarbeiter 쾰른 대성당 앞에 버스 정류장이 있습니다.

Es gibt eine Haltestelle vor dem Kölner Dom.
에스 깁트 아이네 할테슈텔레 포어 뎀 쾰르너 돔.

Tourist 버스는 얼마나 자주 있습니까?

Wie oft fährt der Bus?
비 오프트 페어트 데어 부스?

Mitarbeiter 매 시간 30분마다 옵니다.

Alle halbe Stunde.
알레 할베 슈툰데.

Tourist	가격은 얼마입니까? **Was kostet er?** 바스 코스테트 에어?
Mitarbeiter	2시간에 20유로입니다. **20(zwanzig) Euro für 2(zwei) Stunden.** 쯔반찌히 오이로 퓌어 쯔바이 슈툰덴.
Tourist	감사합니다. **Danke.** 당케.

---

die Innenstadt 인넨슈타트 시내, 도심
besichtigen 베지히티겐 관광하다, 돌아보다
welche 벨헤 어느 (것)
die Möglichkeit, -en 뫼글리히카잇 가능성, 방법
entweder A oder B 엔트베더 A 오더 B A 또는 B
der Stadtrundfahrtbus, -se
  슈타트룬트파르트부스 시내투어버스
die Gruppenführung 그루펜퓌어룽 그룹안내관광

teil.nehmen an (목적어 Dat.) 타일네멘 안
  (목적어)에 참여하다
ab.fahren 압파-렌 출발하다
die Haltestelle, -n 할테슈텔레 정류장
die Stunde, -n 슈툰데 시간(단위)
alle 2 Stunden 알레 쯔바이 슈툰덴 2시간 마다

생생 여행
Tip

● 화장실이 급할 땐?

독일은 기본적으로 화장실이 유료다. 전문업체가 관리하는 중앙역의 화장실은 1유로, 사용료 표시가 없으면 20~50센트 내에서 사용이 가능하다. 음식점이나 쇼핑센터에 설치된 화장실은 이용고객에 한해 무료개방한다. 그러나 만약 음식점이나 쇼핑센터도 이용하지 않을 때, 길에서 화장실이 급할 경우엔 어떻게 해야 할까? 이럴 땐 근처에 가장 가까운 식당 혹은 베이커리를 찾아가서 다음과 같이 물어보자.

- Kann ich die Toilette benutzen? 화장실 이용할 수 있을까요?
- Haben Sie Kundentoilette? 고객화장실이 있나요?

많은 식당과 베이커리가 비고객을 위해 화장실을 개방하고 있으며 대부분 이용료는 50센트다. 만약 비고객 화장실이 있다면 친절하게 이용료와 위치를 알려줄 것이다. 이용 후 직원에게 직접 돈을 지불하면 된다.

유용한 회화 표현

🎧 4-2.mp3

Wie viel kostet eine Bustour?	버스투어는 얼마입니까?
40 Euro pro Person.	일인당 40유로입니다.
Wo fährt der Bus ab?	버스가 어디에서 출발하나요?
Wo ist die Bushaltestelle?	버스 정류장이 어디인가요?
Bieten Sie Stadtrundfahrten an?	시내자동차관광 프로그램이 있습니까?
Wie viele Sehenswürdigkeiten kann man bei der Fahrt sehen?	운행 중 몇 개의 관광명소를 볼 수 있습니까?
Wie lange dauert eine Runde?	한 번 순회하는데 얼마나 걸리나요?
Ist der Bus für Rollstuhlfahrer geeignet?	휠체어 사용자가 이용할 수 있는 버스입니까?
Kann man die Buchung ohne Gebühr stornieren?	수수료 없이 예약을 취소할 수 있습니까?

어휘 플러스

관광	die Tour, -en 투어
사람, 개인	die Person, -en 페르존
자동차관광	die Rundfahrt, -en 룬트파르트
관광명소	die Sehenswürdigkeit, -en 제엔스뷔어디히카이트
순회	die Runde, -n 룬데
이용권	das Voucher, - 바우처
휠체어	der Rollstuhl, Rollstühle 롤슈툴
A에 적합하다	geeignet für A sein 게아이그네트 퓌어 A 자인
이용료, 수수료	das Gebühr 게뷔어
취소하다	stornieren 슈토니어렌
성	das Schloss, Schlösser 슐로쓰
교회	die Kirche,-en 키르헤
절	der Tempel, -n 템펠
전통	die Tradition , -en 트라디찌온
관습, 격식	die Sitte, -n 지테

재활용 시스템

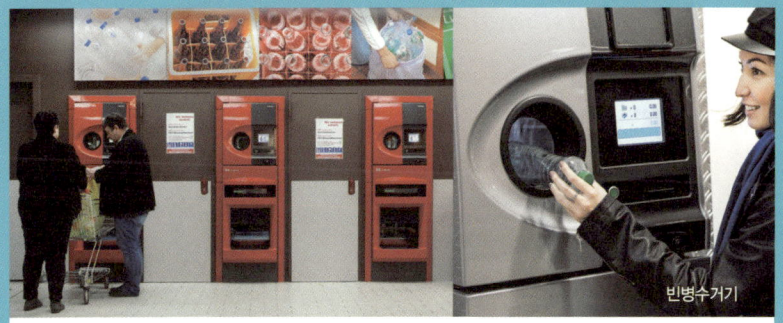

빈병수거기

독일에서 음료를 구매하면 병의 라벨에 재활용병 표시가 있는지 확인하자. 이 표시는 '재활용병(Mehrwegpfandflasche: 메어벡판트플라쉐)'을 의미하는 마크로, 빈 병을 돌려주면 병 값을 돌려받을 수 있다. 거의 모든 페트병, 유리병, 캔에 표시되어 있으며 종종 잼이나 소스 병에도 찾아볼 수 있다. 환불금은 평균적으로 페트병 한 병 당 25센트(한화 약 300원), 맥주병은 15센트(한화 약 200원)인데, 병의 크기나 음료 종류에 따라 조금씩 다르다. 환불 받는 방법은 다음과 같다. 각 마트마다 설치된 빈병수거기(Leergutautomat: 레어굿아우토마트)에 병을 투입하면 가격이 화면에 뜬다. 모든 병을 투입하고 마지막으로 초록색 버튼을 눌러 영수증을 인쇄한다. 영수증에 인쇄된 금액은 현금처럼 사용할 수 있다. 단, 영수증을 인쇄한 마트에서만 사용 가능하니 자주 가는 마트에서 환불 받는 것이 좋다. 환불금을 현금으로 돌려받으려면 계산대에서 영수증만 내면 된다. 음료는 판매하지만 빈병수거기가 없는 마트에서는, 계산 시 빈 병을 주면 즉석에서 병 금액만큼 할인해 준다. 처음 구매 시 재활용병이었다 할지라도 라벨이 지워지거나 떨어지면 환불 받을 수 없으니 주의하자. 이러한 재활용 시스템 덕에 독일의 많은 음료 회사들은 생산비를 아끼면서 환경 보호에도 앞장서고 있다.

재활용병 표시

마트·백화점 이용하기 Im Supermarkt·Kaufhaus

Lina 실례합니다, 단것들은 어디에서 찾아야 하죠?

Entschuldigung, wo finde ich die Süßwaren?
엔출디궁, 보 핀데 이히 디 쥐쓰바렌?

Verkäufer 4층에 있습니다.

Sie sind in der 4.(vierten) Etage.
지 진트 인 데어 피어텐 에타줴.

Lina 엘리베이터는 어디에 있습니까?

Wo ist der Aufzug?
보 이스트 데어 아우프쭉?

Verkäufer 저기 구석 오른편에 있습니다.

Da an der Ecke rechts.
다 안 데어 에케 레히츠.

Lina 감사합니다.

Danke schön.
당케 쇤.

(리나는 4층에서 초콜릿을 보고 있다.)

(Lina schaut nach Schokoladen in der 4. Etage.)

Lina 실례합니다, 커다란 초콜릿 한 봉지를 사고 싶습니다.

Entschuldigung, ich möchte eine große Schokoladenpackung kaufen.
엔출디궁, 이히 뫼히테 아이네 그로쎄 쇼콜라덴파쿵 카우펜.

Verkäufer	500g과 1kg 봉지가 있습니다. 정확히 어떤 것을 원하세요?
	Wir haben 500(fünfhundert)g und 1(ein)Kg Packungen. Was wünschen Sie genau?
	비어 하벤 퓐프훈데르트 그람 운트 아인 킬로 파쿵엔. 바스 뷘쉔 지 게나우?
Lina	1kg 한 봉지요. 얼마입니까?
	Ich möchte eine 1Kg-Packung. Was kostet sie?
	이히 뫼히테 아이네 아인 킬로 파쿵. 바스 코스텟 지?
Verkäufer	5유로 95센트입니다.
	5(fünf) Euro und 95(fünfundneunzig) Cent.
	퓐프 오이로 운트 퓐프운노인찌히 쎈트.

---

die Süßware, -n 쥐스바레 단 것
die Etage, -n 에타줴 층
der Aufzug, Aufzüge 아우프쭉 엘리베이터
die Ecke, -n 에케 구석
groß 그로쓰 큰
die Schokolade, -n 쇼콜라데 초콜릿
die Packung, -en 파쿵 봉투, 곽(주로 단위로 씀)
sich wünschen 지히 뷘쉔 바라다, 소망하다

kosten 코스텐 가격이 나가다
Entschuldigung 엔츨디궁 실례합니다
Wo finde ich A? 보 핀데 이히 A?
A를 어디에서 찾죠?
in der 4. Etage 인 데어 피어텐 에타줴 4층에
an der Ecke 안 데어 에케 구석에
Was kostet B? 바스 코스텟 B? B는 얼마인가요?

생생 여행
Tip

• 영수증 읽기

독일도 한국처럼 영수증 발급이 의무화 되어있다. 다만 10유로 미만의 소액일 경우 계산원이 "영수증 드릴까요?"라는 의미로 "Bon?"(봉) "Beleg(벨렉)?" 혹은 "Kassenzettel(카쎈쩨텔)?"이라고 묻기도 한다. 영수증은 교환·환불 시 필수 지참해야하고, 가끔 하단에 할인쿠폰이 있을 수도 있으니 일단 버리지 말고 보관하자. 영수증은 모두 독어로 되어있기 때문에 읽는 법을 알아두면 편리하다.

1. '레베씨티'라는 슈퍼마켓 이름

2. 지점의 주소와 전화번호

3. UID Nr.:
   Umsatzsteuer-Identifikationsnummer
   매출세 고유번호의 줄임말

4. 구매물품 목록과 수량

5. 물품 금액

6. Summe: 총액

7. Geg. BAR: gegen Bar(현금으로 지불)

8. 거스름돈 현금지급

9. Steuer: 세금, Netto: 세후, Brutto: 세전

유용한 회화 표현

🎧 4-4.mp3

계산이 잘못 됐을 때

Entschuldigung, können Sie den Beleg noch einmal prüfen?
실례합니다, 영수증을 다시 한 번 체크해 주실 수 있나요?

Entschuldigen Sie bitte, ich glaube, da stimmt etwas nicht.
실례합니다, (영수증을 가리키며) 여기 뭔가 잘못된 것 같습니다.

물건을 교환·환불 할 때

Ich möchte diesen Artikel umtauschen.
이 물건을 교환하고 싶습니다.

Ich möchte diesen Artikel zurückgeben.
이 물건을 환불하고 싶습니다.

Dieser Artikel gefällt mir nicht.
이 물건이 마음에 들지 않습니다.

Diese Bluse passt mir nicht.
이 블라우스가 저에게 맞지 않습니다.

Dieses Brot ist verschimmelt.
이 빵에 곰팡이가 피었습니다.

Diese Flasche ist angebrochen.
이 병에 금이 갔습니다.

물건을 세일할 때

Die Milch ist heute im Angebot.
우유는 오늘 할인 품목입니다.

Es gibt Rabatt auf die Butter.
버터는 할인 품목입니다.

어휘 플러스

영수증	der Beleg, -e 벨렉
확인하다	prüfen 프뤼펜
들어맞다, 옳다	stimmen 슈팀멘
맞다	passen 파쎈
~의 마음에 들다	gefallen + (사람 3격) 게팔렌
곰팡이슬다	verschimmeln 페어쉼멜른
금이가다	an.brechen 안브레헨
교환하다	um.tauschen 움타우쉔
약간	etwas 에트바스
특가상품	das Angebot, -e 앙게보트
할인	der Rabatt, -e 라밧
제품, 물건	der Artikel, - 아티켈
제빵류(복수)	die Backwaren 박바-렌
제빵재료(복수)	die Backzutaten 박쭈타텐
캔류	die Dose, -n 도제
화학제품류(복수)	die Drogerieartikel 드로게리아티켈
카트	der Einkaufswagen, Einkaufswägen 아인카욮스바겐

장바구니

독일어로 장바구니는 Einkaufstasche(아인카웁스타쉐), 비닐봉투는 Plastiktüte (플라스틱튀테), 들 수 있는 모든 가방이나 봉투류를 Tragetasche(트라게타쉐) 라고 부른다. 독일에서는 작은 소매점을 제외하고는 무료로 장바구니용 비닐봉투를 주는 곳을 찾기 쉽지 않다. 독일 상거래협회(HDE: Handelsverband Deutschland)와 환경부에서 2016년 7월부터 비닐봉투를 공식적으로 소비자가 부담해야할 대상으로 선정했기 때문이다. 채소나 과일의 무게를 측정하기 위한 얇고 투명한 비닐봉투는 부과 대상에서 제외되었다. 봉투의 가격은 판매자가 자율적으로 결정할 수 있는데, 보냉 봉투처럼 특수 봉투를 제외하고는 대부분 크기에 따라 10~20센트 선이다. EU의 환경보호 자율협약에 따라 독일은 2025년까지 전체 플라스틱봉투 사용을 40% 이상 줄일 계획이다.

기차 예약하기 Zug reservieren

Gast

안녕하세요, 내일 함부르크에서 베를린으로 가는 기차표를 예약하고 싶습니다.

Hallo, ich möchte eine Fahrkarte für morgen von Hamburg nach Berlin buchen.

할로, 이히 뫼히테 아이네 파-카르테 퓌어 모르겐 폰 함부르크 나흐 베를린 붗흔.

Mitarbeiter

몇 시에 가려고 하시나요?

Um wie viel Uhr möchten Sie fahren?

움 비 필 우어 뫼히텐 지 파-렌?

Gast

오전 열 시요.

Um 10(zehn).

움 첸.

Mitarbeiter

몇 분이죠?

Für wie viele Personen?

퓌어 비 필레 페르조넨?

Gast

두 명이요, 저랑 제 남편이요.

Für zwei. Ich und mein Mann.

퓌어 쯔바이. 이히 운트 마인 만.

Mitarbeiter

편도이신가요?

Einfach?

아인파흐?

Gast

네, 편도(가는 편)입니다.

Ja, nur eine Hinfahrt.

야, 누어 아이네 힌파-르트

Mitarbeiter 좌석 예약도 하실건가요?

Wollen Sie auch Sitzplätze reservieren?
볼렌 지 아욱흐 지쯔플렛체 레저비어렌?

Gast 네, 해주세요.

Ja, bitte.
야, 비테.

Mitarbeiter 네, 창가 좌석 한 자리와 복도 좌석 한자리 예약해드렸습니다. 총 70유로 입니다.

Gut, ich habe einen Platz am Fenster und einen am Gang reserviert. Das kostet dann 70(siebzig) Euro.
굿. 이히 하베 아이넨 플랏츠 암 펜스터 운트 아이넨 암 강 레저비어트.
다스 코스텟 단 짚찌히 오이로.

---

die Fahrkarte, -n 파-카르테 승차권
morgen 모르겐 내일
buchen 부흔 예약하다
die Uhrzeit, -en 우-어짜이트 시각
die Person, -en 페르존 사람(명)
einfach 아인파흐 단순한, 일방의
die Hinfahrt 힌파-르트 가는 편(편도)

den Sitzplatz, Sitzplätze 지쯔플랏츠 좌석
das Fenster, - 펜스터 창문
der Gang, Gänge 강 복도
reservieren 레저비어렌 예약하다
Um wie viel Uhr…? 움 비 필 우-어…? 몇 시…?
Für wie viele Personen? 퓌어 비 필레 페르조넨? 몇 명을 위해서?

생생 여행
Tip

• 기차 예약 정보 확인하기

독일의 고속열차 ICE/IC(이체에/이체)를 이용하기 위해 미리 표를 예매했다면 탑승 전 꼭 해야할 절차가 있다. 바로 기차 정보 전광판 보기와 예약좌석을 찾는 일이다.

첫째, 기차 정보는 각 플랫폼에 설치된 파랑색 전광판을 보면 알 수 있다. 기차 출발 시각이 거의 임박하면(약 5~10분 전) 전광판에 곧 들어올 기차의 정보가 표시된다.

A: 기차가 들어오는 플랫폼(Gleis) 번호
B: 중간에 경유하는 도시들. 모든 정차역이 표시되지는 않는다. 따라서 내가 갈 목적지가 쓰여있지 않아도 기차 고유번호가 맞다면 안심하고 탑승하면 된다.
C: 기차의 최종 목적지
D: 출발시간
E: 기차 고유번호

둘째, 좌석을 예약했다면 열차가 도착했을 때 플랫폼의 긴 구간을 달리거나 복잡한 열차 내에서 이동할 필요가 없다. 예약한 좌석이 있는 열차칸이 정차하는 플랫폼의 구간을 미리 확인하고 해당 위치에서 편안하게 기다리다가 열차에 탑승하면 된다. 그렇다면 정확히 어느 구간에서 열차를 기다려야 할까? 아래에 제시된 예약표를 살펴보자.

Halt	Datum	Zeit	Gleis	Produkte	Reservierung
Stadtfelddamm, Hannover	24.02.	ab 19:08		Bus 137	
Spannhagengarten, Hannover	24.02.	an 19:12			
Spannhagengarten, Hannover	24.02.	ab 19:20		STB 7	
Hauptbahnhof (U), Hannover	24.02.	an 19:29			
Hannover Hbf	24.02.	ab 17:03		IC 2281	1 Sitzplatz, Wg. 5, Pl. 57, 1 Gang, Großraum, Nichtraucher, Handy, Res.Nr. 8056 0021 2128 80
Frankfurt(Main)Hbf	24.02.	an 19:30			

빨강네모로 표시된 부분이 기차예약 구간이다. 먼저 기차 고유번호와 내 좌석 정보를 정확히 파악해야 한다. Halt(할트: 출발지와 목적지), Datum(다툼: 탑승날짜), Zeit(짜이트: 출발, 도착시각), Gleis(글라이스: 플랫폼 번호), Produkte(프로둑테: 기차번호), Reservierung(레저비어룽: 예약정보).

Reservierung 부분을 집중적으로 보면, 이 표를 끊은 승객은 1개의 좌석 '1 Sitzplatz (지쯔플라츠)'을 5번 열차칸 'Wagen(바겐. 줄여서 Wg.)'의 57번 좌석 'Platz(플라츠. 줄여서 Pl.)'을 예약했다는 점을 알 수 있다. 이 57번 좌석은 복도쪽 'Gang(강)'에 있다. 뿐만 아니라, 이 열차칸이 많은 좌석이 모여있는 큰 칸 'Großraum(그로스라움)'이자 비흡연칸 'Nichtraucher(니히트라우허)'이라는 정보까지 안내되어 있다.

여기까지 파악했다면, 이제 5번 열차칸(Wg.5)이 플랫폼의 A~F 중 어느 구간에 정차하는지 알아야 한다. 이 정보는 기차표가 아니라 역 플랫폼에 설치된 '기차지도'를 통해 알 수 있다. 아래 사진이 바로 기차지도다.

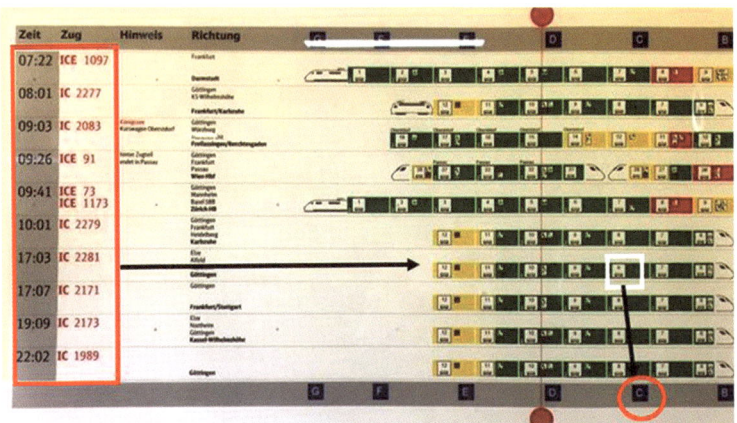

기차지도는 언뜻 보아 복잡해 보이지만 사실 필요한 정보는 딱 한 줄 이다. 빨강 네모 부분에서 내 기차의 출발시간과 고유번호를 확인하자. 위 예약 정보에서 내 열차의 출발시간은 17시 03분, 고유번호는 IC 2281이다. 이제 같은 줄에서 5번 열차칸(Wg.5)을 찾으면 된다. 만약 흰색 네모가 5번 열차칸이라면 이 열차칸이 서는 플랫폼의 구간은 C이다 (빨강색 동그라미). 여기까지 모두 올바르게 파악했다면 바로 눈 앞에 멈추는 열차칸에 그대로 탑승하여 57번 좌석만 찾으면 된다.

유용한 회화 표현

🎧 4-6.mp3

Wann fährt der früheste Zug nach Hamburg?	함부르크로 가는 가장 빠른 열차가 언제 있습니까?
Der Zug ist komplett ausgebucht.	기차가 완전히 만석입니다. (입석 제외)
Haben Sie eine Bahncard?	반카드를 가지고 있습니까?
Haben Sie Angebote für Studenten?	학생 할인이 있습니까?
2 Erwachsene und 1 Kind.	어른 두 명과 아이 한 명이요.
Ich möchte einen Sitzplatz reservieren.	좌석 하나를 예약하고 싶습니다.
Gibt es einen freien Sitzplatz am Gang?	복도에 빈 좌석이 하나 있습니까?
Ist hier frei oder besetzt?	(좌석을 가리키며) 여기 비었나요 아니면 사람 있나요?
Gibt es ein Raucherzimmer in der Bahn?	기차 안에 흡연실이 있습니까?
Habe ich die Möglichkeit Snacks im Zug zu kaufen?	기차 안에서 스낵을 살 수 있습니까?
Sind Tiere in der Bahn erlaubt?	동물을 기차에 데리고 탈 수 있습니까 (동물이 허용됩니까)?
Sind Kindersitze vorhanden?	어린이 전용좌석이 있습니까?

어휘 플러스

한국어	독일어	발음
승객	der Fahrgast, Fahrgäste	파-가스트
선로, 플랫폼	das Gleis, -e	글라이스
운전면허증	der Führerschein, -e	퓌어러샤인
교차로	die Kreuzung, -en	크로이쭝
구간	die Strecke, -n	슈트레케
열차, 기차	der Zug, Züge	쭉
보행자	der Fußgänger, -	푸쓰겡어
비상출구	der Notfallausgang	노트팔아우스강
여행	die Reise, -n	라이제
수하물, 짐	das Gepäck	게펙
예약이 꽉 찬	ausgebucht	아우스게붘흐트
(자리나 공간이) 차지된	besetzt	베제쯔트
예약된	reserviert	레저비어트
빈	frei	프라이

전통주 슈납스

슈납스(Schnapps)는 독일과 오스트리아, 스위스에 걸쳐 흔히 볼 수 있는 전통주이자 독주이다. 러시아의 보드카에 대적하듯 독일 슈납스의 알코올 함량은 기본 35%, 일반적으로 40~45%를 웃돌며 색이 없고 물처럼 맑은 게 특징이다. 술의 기본 재료는 곡물 혹은 과일이며 산딸기, 사과, 배, 자두, 체리, 살구가 가장 많이 쓰인다. 과일 슈납스는 과일향이 살짝 돌아서 여성들에게도 인기가 좋다. 그 외에 허브류로 만든 크로이터리퀴어(Kräuterlikör)도 슈납스 종류의 일종이다. 한국에 잘 알려진 예거마이스터(Jägermeister)가 대표적인 크로이터리퀴어다. 첫맛은 쓰고 끝맛은 달며 식사 후 소화를 돕기 위해 소량으로 마신다.

고속버스 이용하기 Die Fernbusse

Gast 저기요, 이 버스가 베를린 중앙역으로 가나요?

Entschuldigung, fährt dieser Bus nach Berlin Hauptbahnhof?

엔출디궁, 페어트 디저 부스 낙흐 베를린 하웁반호흐?

Fahrer 아니요, 이 버스는 알렉산더 광장까지만 운행합니다.

Nein, dieser Bus fährt nur zum Alexanderplatz.

나인, 디저 부스 페어트 누어 쭘 알렉산더플라츠.

조금 기다리세요. 중앙역행 버스는 아직 오지 않았습니다.

Warten Sie ein bisschen.
Der Bus zum Hauptbahnhof ist noch nicht da.

바르텐 지 아인 비스헨. 데어 부스 쭘 하웁반호흐 이스트 녹흐 니히트 다.

Gast 원래 출발 시간이 2시 20분인데요.

Die Abfahrtszeit ist eigentlich 14(vierzehn) Uhr 20(zwanzig).

디 압파르츠차이트 이스트 아이겐틀리히 피어첸 우어 츠반치히.

Fahrer 네, 아마도 차가 막히는 것 같군요. 기다려주세요.

Ja, wahrscheinlich steht der Bus im Stau.
Warten Sie einfach mal ab.

야, 바샤인리히 슈텥- 데어 부스 임 슈타우. 바르텐 지 아인팍흐 말 압.

Gast 베를린에서 중요한 약속이 있습니다.

Ich habe aber einen sehr wichtigen Termin in Berlin.

이히 하베 아버 아이넨 제어 비히티겐 텔민 인 베를린.

그 약속을 취소해도 안되고 늦어도 안되거든요.

Den kann ich weder absagen noch kann ich mich verspäten.

덴 칸 이히 베더 압자겐 녹흐 칸 이히 미히 페어슈페텐.

Fahrer 고속버스는 정확한 출발시간과 도착시간을 보장하지 않습니다.

Die Fernbusse garantieren Ihnen keine genaue Abfahrts- und Ankunftszeit.

디 페언부쎄 가란티어렌 이-넨 카이네 게나우에 압파르츠 운트 안쿤프츠차이트.

저희도 운행 시간이 얼마나 걸릴지 미리 예측할 수 없습니다. 죄송합니다.

Wir wissen vorher auch nicht, wie lange die Fahrt dauert. Es tut mir Leid.

비어 비쎈 포어헤어 아욱흐 니히트, 비 랑에 디 파르트 다우어트. 에스 투트 미어 라이트.

Gast 그럼 버스 티켓을 취소하고 기차 티켓을 사야겠군요.

Dann muss ich mein Busticket stornieren und ein Zugticket kaufen.

단 무쓰 이히 마인 부스티켓 슈토르니어렌 운트 아인 쭉티켓 카우펜.

Fahrer 알겠습니다. 온라인으로 하시면 됩니다.

OK. Sie können es online machen.

오케이. 지 퀸넨 에스 온라인 막흔.

티켓 가격은 현금이나 쿠폰으로 받게 되실 겁니다.

Sie bekommen den Ticketpreis entweder in Geld oder als Gutschein erstattet.

지 베콤멘 덴 티켓프라이스 엔트베더 인 겔트 오더 알스 굿샤인 에어슈타텔.

---

der Hauptbahnhof, Hauptbahnhöfe 하웁트반-홉 중앙역
noch 노흐 아직, 여전히
warten 바르텐 기다리다
die Abfahrt 압파-르트 출발
die Ankunft 안쿤프트 도착
eigentlich 아이겐트리히 원래
wahrscheinlich 바-샤인리히 아마도, 거의
der Stau 슈타우 교통체증
der Termin, -e 텔민 예약

ab.sagen 압자-겐 거절하다
sich verspäten 페어슈페-텐 늦다
der Fernbus, -se 페언부스 도시간 연결버스, 고속버스
garantieren 가란티어렌 보증하다
genau 게나우 정확한, 맞는
der Gutschein, -e 굿샤인 쿠폰, 상품권
Warten Sie einfach ab. 바르텐 지 아이파흐 압. 그냥 대기하시면 됩니다.
entweder A oder B 엔트베더 A 오더 B A 또는 B

생생 여행 Tip

• 내 버스 확인하기

대도시의 중앙 고속버스터미널은 상당히 복잡하다. 버스 정류장도 여러 곳인데 정류장에 목적지가 쓰여 있지 않은 경우도 많다. 한 정차장을 여러 대의 버스가 이용하기 때문이다. 따라서 특정 정류장에 서 있기보다 멀찌감치 떨어져서 기다리다가 버스가 들어오면 내 버스 번호가 맞는지 확인 후 탑승하면 된다. 설령 목적지가 잘못 적혀 있어도 버스 번호가 일치하면 맞는 버스일 확률이 높다. 버스 번호는 티켓의 정류장 이름 바로 아래줄에 적혀 있다.

이 버스는 라이프치히 중앙역(Leipzig Hbf)에서 베를린 중앙버스터미널(Berlin ZOB)로 가는 차편이다. 탑승 정류장인 **Leipzig Hbf** 바로 아래에 작은 글씨로 '**Linie 025 Richtung Lubmin**(25번 라인, 루브민 행)'이라고 적혀 있다. 여기서 바로 '025'가 차편의 번호다. 따라서 차가 들어오면 25번이 맞는지 확인하고 기사에게 한번 더 목적지를 지나가는지 물은 후 탑승하면 된다. 기사에게 이미 승객목록과 탑승지 목록이 있기 때문에 사실상 차편을 잘못 탈 일은 생각보다 적다.

유용한 회화 표현

🎧 4-8.mp3

Ist der Bus nach Dortmund?	이 버스가 도르트문트행입니까?
Hat der Bus nach Hamburg Verspätung?	함부르크행 버스가 연착됩니까?
Wann kommt der Bus der Linie 035?	035번 버스가 언제 옵니까?
Können Sie meinen Bus finden?	제 버스를 찾아 주실 수 있습니까?
Anschnallen auf dem Sitzplatz ist Pflicht.	좌석의 안전벨트 착용은 의무입니다.
Wir machen hier 10 Minuten Pause.	여기서 10분간 휴식하겠습니다.
Der Platz ist schon besetzt.	이 자리는 이미 사람이 있습니다.
Gibt es ausreichenden Platz für Gepäck?	짐을 넣을 충분한 공간이 있나요?
Wann ist meine Wunschstrecke buchbar?	언제 제가 원하는 노선을 예약할 수 있나요?
Kann ich meine Fahrten umbuchen?	제 여정을 바꿀 수 있나요?

고속버스터미널	**der Omnibusbahnhof, Omnibusbahnhöfe** 옴니부스반홉
고속버스, 승합차	**der Omnibus, -se** 옴니부스
운전기사	**der Fahrer, -** 파-러
타다	**ein.steigen** 아인슈타이겐
내리다	**aus.steigen** 아우스슈타이겐
갈아타다	**um.steigen** 움슈타이겐
연착	**die Verspätung, -en** 페어슈페-퉁
최종정류장	**die Endstation, -en** 엔트슈타찌온
출발시각	**die Abfahrtszeit** 압파르츠짜이트
도착시각	**die Ankunftszeit** 안쿤프츠짜이트
고속도로	**die Autobahn, -en** 아우토반-
방향	**die Richtung, -en** 리히퉁
노선망	**das Streckennetz, -e** 슈트레켄네츠
판매처	**die Verkaufsstelle, -n** 페어카웁스슈텔레
상품권, 교환권, 쿠폰	**der Gutschein, -e** 굿샤인
속도	**die Geschwindigkeit, -en** 게슈빈디히카잍
편안한	**komfortabel** 콤포타벨
저렴한	**günstig** 귄스티히

독일의 고속버스

독일의 고속버스(Fernbus, Omnibus: 페언부스, 옴니부스) 서비스는 도시 근교를 다니는 철도 산업의 피해를 우려해 금지되어 있다가, 2013년부터 본격적으로 대중화되기 시작했다. 서비스 초기에는 베를린 공항을 이용하는 승객들의 편의를 위해 베를린행 노선만 운행했지만, 현재는 독일의 거의 모든 도시뿐 아니라 인근 유럽 국가들을 연결하는 노선까지 활발히 늘어나고 있는 추세다. 특히 체코의 프라하, 스위스 취리히, 네덜란드의 암스테르담 노선이 매우 인기있다. 고속버스표 예매는 역에서 직접 할 수도 있지만, 온라인으로 미리 하는 것이 더욱 편리하다. 목적지와 출발지, 날짜에 맞는 모든 버스편을 검색할 수 있는 사이트는 www.busliniensuche.de가 있다. 한 가지 주의해야 할 점은, 고속버스는 출발·도착시간이 정확하지 않다. 예약 시 표시된 시간은 '예정시간'으로, 고속도로나 회사 사정에 따라 최대 1시간 이상 연착될 수도 있다. 따라서 시간이 중요한 여정에는 고속버스보다 기차를 선택하는 편이 좋다.

Abfahrtort	Zielort	Abfahrtsdatum	Rückfahrtsdatum	Personen	SUCHEN
출발지	목적지	출발날짜	돌아오는 날짜	인원	검색하기

* 카풀편도 함께 검색하려면 'BlaBlaCar'에 체크한 채 검색한다.

5
식당

예약하기
음식 주문하기
카페에서 주문하기
계산하기

예약하기 Tisch reservieren

(전화 통화)

Gast 안녕하세요, 오늘 저녁 한 자리 예약하고 싶습니다.

Hallo, ich möchte einen Tisch für heute Abend reservieren.

할로, 이히 뫼히테 아이넨 티쉬 퓌어 호이테 아벤트 레저비어렌.

Kellner 물론입니다. 몇 시에 오실 건가요?

Natürlich.
Um wie viel Uhr möchten Sie denn kommen?

나튀얼리히. 움 비 필 우어 뫼히텐 지 덴 콤멘?

Gast 오후 7시요.

19(neunzehn) Uhr.

노인첸 우어.

Kellner 몇 분이신가요?

Für wie viele Personen?

퓌어 비 필레 페르조넨?

Gast 네 명입니다.

4(vier) Personen.

피어 페르조넨.

Kellner 무엇을 드실지 이미 정하셨나요? 몇 가지 메뉴는 한 시간 이상 걸릴 수 있습니다.

Wissen Sie schon, was Sie essen wollen?
Die Zubereitung einiger Gerichte kann über eine Stunde dauern.

비쎈 지 숀, 바스 지 에쎈 볼렌?
디 쭈베라이퉁 아이니거 게리히테 칸 위버 아이네 슈툰데 다우에른.

Gast	네, 저희는 학센 두 개과 비너 슈니첼 두 개를 주문하고 싶습니다. **Ja, wir möchten zwei Haxen und zwei Wiener Schnitzel bestellen.** 야, 비어 뫼히텐 쯔바이 학센 운트 쯔바이 비-너 슈니첼 베슈텔렌.
Kellner	알겠습니다, 학센을 요리하는데 한 시간 반 정도 필요합니다. **Gut, für Haxen brauchen wir circa anderthalb Stunden.** 굿, 퓌어 학센 브라우흔 비어 찌르카 안더트할브 슈툰덴.
Gast	알겠습니다. 음료는 테이블에서 바로 주문할게요. **OK, Getränke bestellen wir direkt am Tisch.** 오케이, 게트렝케 베슈텔렌 비어 디렉트 암 티쉬.
Kellner	알겠습니다. 성함이 어떻게 되시죠? **Alles klar. Wie ist Ihr Name?** 알레스 클라. 비 이스트 이어 나메?
Gast	제 이름은 이 입니다. **Mein Name ist Yi.** 마인 나메 이스트 이.
Kellner	감사합니다 이 씨. **Danke schön, Herr Yi.** 당케 쇤, 헤어 이.

---

der Tisch, -e 티쉬 책상
essen 에쎈 먹다
die Zubereitung 쭈베라이퉁 준비, 마련
das Gericht, -e 게리히트 요리, 음식
dauern 다우에른 (시간이) 걸리다
die Haxe, -n 학세 학세

das Schnitzel, -n 슈니첼 슈니첼
circa (ca.) 찌르카 대략
das Getränk, -e 게트렝크 음료
bestellen 베슈텔렌 주문하다
Wie viele 비 필레 얼마나 많이
Wissen Sie, …? 비쎈 지, …? …를 아시나요?

생생 여행 Tip

● 물은 유료

독일 식당과 카페는 우리나라처럼 마시는 생수(Mineralwasser: 미네랄바써)를 무료로 주지 않는다. 일반적으로 생수는 메뉴판의 무알코올 음료(Nicht alkoholische Getränke: 니히트 알코올리쉐 게트렝케) 페이지의 맨 처음에 있으며 0.2리터와 0.5리터, 경우에 따라 0.75리터짜리도 있다. 이는 시중에 판매되는 생수병의 사이즈에 따른 것이다. 또한 다른 말이 없다면 기본적으로 가스물이 제공된다. 독일어로 가스물은 'Sprudelwasser(슈푸르델바써)' 또는 'Wasser mit Kohlensäure(바써 밋 콜렌소이레)'라고 한다. 가스 없는 물을 마시고 싶다면 쉽게 영어로 "No Gas" 혹은 독일어로 "Stilles Wasser(슈틸레스바써)"라고 하면 된다. 물론 수돗물(Leitungswasse: 라이퉁스바써)은 무료다. 많은 독일인들이 실제로 평소에 수돗물을 음용하고 있는데, 지역에 따라 석회질(Kalk: 칼크) 함량이 다르니 식당에서는 메뉴판의 생수를 주문하는 것이 좋다.

유용한 회화 표현

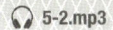 5-2.mp3

Können Sie ein Menü empfehlen?	메뉴 한 가지를 추천해 줄 수 있나요?
Haben Sie noch einen Tisch frei für 3 Personen?	세 사람이 앉을 자리가 있나요?
Können Sie mir noch eine Gabel geben?	포크를 하나 더 주실 수 있나요?
Bitte tauschen Sie das Wasser in stilles Wasser um.	이 물을 가스가 없는 물로 바꿔주세요.
Es ist zu salzig/süß.	너무 짜군요/달군요.
Ich möchte zahlen.	계산하고 싶습니다.
Können Sie mir die Rechnung geben?	계산서를 갖다 줄 수 있나요?
Guten Appetit! (= Lassen Sie es sich schmecken.)	맛있게 드세요!
Prost!	건배!
Mögen Sie am Fenster oder auf der Terrasse?	창가가 좋으신가요, 테라스 자리가 좋으신가요?
Möchten Sie etwas trinken?	마실 것을 드릴까요?
Möchten Sie etwas essen?	먹을 것을 드릴까요?

숟가락	der Löffel, - 뢰펠
포크	die Gabel, -n 가벨
냅킨	die Serviette, -n 제어비에테
메뉴판	die Speisekarte, -n 슈파이제카르테
전식	die Vorspeise 포어슈파이제
본식	die Hauptspeise 하웁트슈파이제
후식	die Nachspeise 나흐슈파이제 der Nachtisch 나흐티쉬
유리잔	das Glas, Gläser 글라스
돼지고기	der Schweinefleisch 슈바이네플라이쉬
소고기	das Rindfleisch 린트플라이쉬
닭고기	das Hähnchenfleisch 헨셴플라이쉬
양고기	das Lammfleisch 람플라이쉬
송아지고기	das Kalbsfleisch 칼브스플라이쉬
연어	der Lachs 라흐스
고등어	die Makrele 마크렐레
송어	die Forelle 포렐레
치즈	der Käse 케-제

독일이 궁금해

독일의 소시지 '부어스트'

독일의 소시지는 천여 가지나 될 정도로 그 종류가 다양하다. 재료나 모양도 제각각이고, 지역의 특색에 따라 비슷한 소시지도 굽고, 찌고, 데쳐 먹는 등 먹는 방법도 그 수만큼 다양하다. 많은 경우 머스터드를 찍어 먹는데, 아예 가공 단계부터 카레 가루 등의 고유한 향신료를 첨가해 만들기도 한다. 독일에 방문했을 때 꼭! 먹어보면 좋을 몇 가지 소시지를 소개한다.

브라트부어스트 (Bratwrust: 구운 소시지)

뉘른베르크에서 처음 먹기 시작했다고 전하는 브라트부어스트는 노릇하게 구워 빵 사이에 넣어 핫도그처럼 먹기도 하고, 맥주에 재워 수프처럼 요리해서 먹기도 한다. 손가락 크기 만한 작고 날씬한 브라트부어스트도 있는데, 자우어크라우트나 감자와 함께 먹는다.

바이스부어스트 (Weißwurst: 뮌헨 흰 소시지)

바이스부어스트는 맛있게 양념한 송아지고기와 돼지고기로 만드는 전통적인 흰 소시지로, 뮌헨에서 처음 만들어졌으며, 현재는 바이에른 지방 전역에서 유명하다. 주로 아침식사로 먹는 바이스부어스트는 바이에른에서는 정오의 교회 종소리가 들릴 때까지 바이스부어스트를 두어서는 안 된다는 말이 있을 정도로 상하기 쉬운 소시지이다.

겔브부어스트 (Gelbwurst: 노란 소시지)

바이에른 지역의 전통 소시지로 돼지고기, 송아지고기, 생강 넛맥 등을 섞어 만든다. 빵 조각 위에 얇게 썰어 곁들여 먹으면 특유의 담백하고 깊은 맛에 부드러운 식감을 느낄 수 있다. 다만 변질되기 쉬우니 바로 먹어야 한다.

음식 주문하기 Essen bestellen

Kellner 무엇을 드실지 결정하셨나요?

Wissen Sie schon, was Sie essen wollen?

비쎈 지 숀, 바스 지 에쎈 볼렌?

Gast 저희 소고기말이 하나랑 비너 슈니첼 하나를 주문하고 싶습니다.

Wir hätten gern einmal Rinderroulade und einmal Wiener Schnitzel.

비어 헤텐 게언 아인말 린더롤라데 운트 아인말 비-너 슈니첼.

Kellner 볶은 감자로 드릴까요, 감자튀김으로 드릴까요? (사이드메뉴 선택)

Mit Bratkartoffeln oder mit Pommes?

밋 브랏카토펠른 오더 밋 포메스?

Gast 감자튀김이요.

Mit Pommes.

밋 포메스.

Kellner 그리고 마실 거는요?

Und zu trinken?

운트 쭈 트링켄?

Gast 그리고 저는 작은 콜라 하나, 남자친구는 에스프레소 한 잔이요.

Und Ich möchte eine kleine Cola und für meinen Freund einen Espresso.

운트 이히 뫼히테 아이네 클라이네 콜라 운트 퓌어 마이넨 프로인트 아이넨 에스프레소.

Kellner 알겠습니다.

Alles klar.

알레스 클라.

Gast		화장실이 어디있나요?

Wo ist die Toilette?
보 이스트 디 토일레테?

Kellner 주방 옆에 있는 계단으로 내려가세요.

Gehen Sie an der Küche vorbei die Treppe herunter.
게엔 지 안 데어 퀴헤 포어바이 디 트레페 헤어룬터.

Gast 돈을 내야 하나요?

Muss man bezahlen?
무스 만 베짤-렌?

Kellner 아니요, 저희 손님들에게는 무료입니다.

Nein, für unsere Kunden ist sie kostenfrei.
나인. 퓌어 운저레 쿤덴 이스트 지 코스텐프라이.

---

wissen 비쎈 ~을 알다
wollen 볼렌 ~할 것이다 (조동사)
die Cola 코올라 콜라
der Espresso 에스프레쏘 에스프레소
gern 게언 흔쾌히, 기꺼이
die Küche 퀴헤 부엌
die Treppe 트레페 계단

herunter.gehen 헤어룬터게엔 아래로 내려가다
der Kunde, -n 쿤데 손님
bezahlen 베짤렌 돈을 내다
kostenfrei 코스텐프라이 무료의
Ich möchte…/ Ich hätte gern…
 이히 뫼히테…/이히 해테 게언… 저는 …를 원해요

생생 여행 Tip

● 독일의 식사 빵

독일은 빵을 주식으로 하는 나라이자 세계적으로 가장 다양한 빵을 먹는 나라로 꼽힌다. 1인당 빵 소비량도 세계 3위안에 든다. 매끼마다 빵이 빠지지 않는데, 이 때 먹는 빵은 지방을 첨가하지 않기 때문에 대부분 겉이 딱딱하고 맛이 싱겁거나, 발효빵의 경우 시큼한 게 특징이다. 밀가루, 물, 소금, 효모로 반죽하며, 밀가루의 원재료가 되는 곡식과 함께 첨가하는 식품의 종류에 따라 빵의 종류는 천여 가지에 이른다. 가장 흔하고 저렴하게 먹는 식사빵은 겉이 딱딱하고 속이 부드러운 주먹만 한 Brötchen(브룃헨), 백밀빵(Weissbrot: 바이쓰브롯), 통밀빵(Vollkornbrot: 폴콘브롯), 호밀빵(Roggenbrot: 로겐브롯), 납작빵(Fladenbrot: 플라덴브롯), 딱딱한 빵(Knäckebrot: 크네케브롯) 등이 있다. 우리가 흔히 떠올리는 샌드위치용 부드러운 흰 식빵은 '미국식 샌드위치빵(amerikanische Sandwichbrot: 아메리카니쉐 샌드위치브롯)' 혹은 토스트빵(Toastbrot: 토스트브롯)이라고 부른다. 이러한 빵을 먹을 때에 일반적으로 버터나 잼을 바르고 치즈, 고기 슬라이스를 올린다. 날생선이나 튀긴 생선을 끼워먹기도 한다. 이처럼 식사빵에 다양한 재료를 끼워 만들어 놓은 것을 독일어로 '덮어 만든 빵(Belegtes Brot: 벨렉테스 브롯)'이라 한다.

독일의 모든 마을에는 규모와 상관 없이 최소 한 개의 베이커리가 있으며 매일 최소 한 번 이상 신선한 빵을 구워 낸다. 주식인 만큼 쉽고 싸게 구할 수 있어야 하기 때문에 식사용 빵의 가격은 상당히 낮게 책정 되어있는 편이며, 휴일에도 문을 여는 베이커리가 많다.

유용한 회화 표현

🎧 5-4.mp3

Zum hier essen oder mitnehmen?	드시고 가시나요 포장이신가요?
Zum hier essen.	여기서 먹을 거예요.
Zum mitnehmen.	포장하겠습니다.
Kann ich mit Karte zahlen?	카드로 계산할 수 있나요?
Ich möchte ein Stück Käsekuchen zum mitnehmen.	치즈케이크 한 조각을 포장하고 싶습니다.
Ich möchte eine Flasche Cola.	콜라 한 병 주세요.
Können Sie das Brot halbieren?	빵을 반으로 잘라주실 수 있나요?
Können Sie mir eine Tüte geben?	봉투 한 장 주실 수 있나요?
Möchten Sie noch was?	다른 필요하신 것이 있나요?
Haben Sie Kundentoiletten?	손님용 화장실이 있나요?

현금	das Bargeld 바-겔트
신용카드	die Kreditkarte, -n 크레딧카르테
현금카드(유럽용)	die EC-Karte, -n 에체-카르테
음료	das Getränk, -e 게트렝크
매운 소스	scharfe Soße 샤페 쏘-세
단 소스	süße Soße 쥐쎄 쏘-세
커리 소스	Currysoße 커리쏘-세
봉투	die Tüte, -n 튀-테
굽다	grillen 그릴렌
삶다	kochen 코흔
튀기다	frittieren 프리티어렌
볶다	braten 브라텐
케이크(조각단위)	der Kuchen, - 쿠흔
케이크(한 판)	die Torte, -n 토르테
병	die Flasche,-n 플라쉐
잔(커피)	die Tasse, -n 타쎄
잔(머그·음료)	der Becher, - 베혀

독일이 궁금해 — 독일의 디저트

아펠슈투르델 (Apfelstrudel)

Strudel은 '소용돌이'라는 뜻으로, 페스트리처럼 겹겹이 말아진 모양이 연상된다. 아펠슈투르델은 실제로 얇은 반죽 사이사이에 설탕으로 절인 사과조각을 넣어 돌돌 말아 구워낸 디저트다. 건포도가 들어있는 종류도 있다. 미리 구워놓았다가 주문이 들어오면 따뜻하게 데워 바닐라 소스나 생크림과 함께 제공된다.

카이저슈마렌 (Kaiserschmarren)

Schmarren은 남독일과 오스트리아에서 팬케이크를 일컫는 말이다. 이름에 황제(Kaiser)가 쓰인 이유 중 하나로, 1854년 오스트리아 합스부르크 왕가의 프란츠 요셉 황제와 엘리자베스의 결혼식에 이 요리가 바쳐졌고 그 뒤에도 프란츠 황제가 즐겨먹어 요리에 '황제'를 붙였다는 설이 있다. 두툼한 팬케이크를 먹기 좋게 썰어 슈가파우더를 뿌리고 바닐라 소스, 뭉근하게 끓인 체리 수스나 차가운 사과무스와 함께 먹는다.

바움쿠헨 (Baumkuchen)

반죽을 얇게 밀어 심대에 감으면서 구워내는 바움쿠헨의 자른 면은 나무의 나이테와 같이 여러 층으로 되어 있다. 이름 자체도 나무라는 뜻의 독일어 baum과 케이크라는 뜻의 독일어 kuchen이 합성된 단어로 우리나라에서는 나무 케이크라고 불리기도 한다. 독일의 전통 케이크인 바움쿠헨은 독일에서는 서민적인 과자로 과자점에서 세워놓고 손님의 요구대로 잘라서 무게를 달고 생크림을 쳐서 준다. 이 케이크는 부드러워 접시에 놓고 생크림을 고루 섞으면서 먹는 것이 보통이며 달달한 만큼 커피와 아주 잘 어울린다.

카페에서 주문하기 Im Café bestellen

Gast 차를 마시고 싶습니다. 어떤 차 종류들이 있나요?

**Ich möchte Tee trinken.
Welche Teesorten haben Sie?**

이히 뫼히테 테 트링켄. 벨헤 테조르텐 하벤 지?

Kellner 홍차, 녹차, 레몬차, 민트차가 있습니다.

Wir haben Schwarztee, Grüntee, Zitronentee, und Minztee.

비어 하벤 슈바르츠테-. 그륀테-. 찌트로넨테- 운트 민쯔테-.

Gast 민트차에는 진짜 민트 잎이 들어있나요?

Ist der Minztee aus frischer Minze?

이스트 데어 민쯔테 아우스 프리셔 민쩨?

Kellner 네, 신선한 민트 잎으로 만듭니다.

Ja, er wird mit frischen Minzblättern gemacht.

야, 에어 비어트 밋 프리쉔 민쯔블레언 게마흐트.

Gast 과일 주스 있나요?

Haben Sie Fruchtsaft?

하벤 지 프루흐트자프트?

Kellner 네, 하지만 직접 짠 오렌지주스만 있습니다.

Ja, aber nur frischgepressten Orangensaft.

야, 아버 누어 프리쉬게프레쓰텐 오랑젠자프트.

Gast 그 주스 크기가 어떻게 되나요?

Wie groß ist der Saft?

비 그로쓰 이스트 데어 자프트?

Kellner	0,5리터 입니다.	

Null Komma fünf Liter.
눌 콤마 퓐프 리터.

Gast	오렌지주스 한 잔과 민트차 한 잔 주세요.	

Ich hätte gern einen Orangensaft und einen Minztee.
이히 헤테 게언 아이넨 오랑젠자프트 운트 아이넨 민쯔테-.

Kellner	케이크는 안 드시겠어요? 오늘 치즈케이크가 아주 맛있습니다.	

Möchten Sie keinen Kuchen? Heute ist der Käsekuchen besonders gut.
뫼히텐 지 카이넨 쿠흔? 호이테 이스트 데어 케제쿠흔 베존더스 굿.

Gast	아직 필요 없습니다. 나중에 주문하겠습니다.	

Nein, noch nicht. Ich bestelle ihn später.
나인, 노흐 니히트. 이히 베슈텔레 인 슈페-터.

---

die Sorte, -n 조르테 종류
die Zitrone, -n 찌트로네 레몬
frisch 프리쉬 신선한
das Blatt, Blätter 블랏 잎
die Frucht, Früchte 프루흐트 과일
der Saft, Säfte 자프트 주스
frischgepresst 프리쉬게프레쓰트 신선하게 갓 짠

der Kuchen 쿠흔 케이크
besonders 베존더스 특히
später 슈페-터 나중에, 추후
Welche Teesorten 벨혜 테조르텐 어떤 차 종류
noch nicht 노흐 니히트 아직 아닌
Haben Sie…? 하벤 지…? …가 있나요?
Wie groß…? 비 그로쓰…? …가 얼마나 큰가요?

생생 여행 Tip

Glutenfrei

Laktosefrei

Hergestellt in Deutschland

Recycelbar

● 식품성분, 영양정보 표시

내 입맛과 몸에 맞는 음식을 찾는 데 식품 포장 뒷면에 쓰여 있는 성분표와 영양정보가 큰 도움이 된다. 한국과 마찬가지로 독일에서도 모든 식품에 성분과 영양, 원산지를 표기하도록 되어있으며, 글루텐이나 락토제프리 표기도 의무적으로 해야한다. 글을 몰라도 알 수 있도록 픽토그램으로 위와 같이 표시한다. 왼쪽부터 글루텐프리(Glutenfrei), 락토제프리(Laktosefrei), 원산지 독일(Hergestellt in Deutschland), 재활용 가능한 포장.

Durchschnittliche Nährwerte:	pro 100g	pro Portion (20g=12 Stück)
Energie:	1470 kJ (346 kcal)	294 kJ (69 kcal)
Fett:	0 g	0 g
davon gesättigte Fettsäuren:	0 g	0 g
Kohlenhydrate:	80 g	16 g
davon Zucker:	67 g	13 g
Eiweiß	6 g	1,2 g
Salz:	0 g	0 g

왼쪽 표는 영양성분표이다. 대표적인 성분 중심으로 표기되어 있다. 제시된 목록은 칼로리(Energie), 지방(Fett), 포화지방산(gesättigte Fettsäuren), 탄수화물(Kohlenhydrate), 당(Zucker), 단백질(Eiweiß), 나트륨(Salz). 포화지방산 함량은 지방함량에 포함되어 있으며, 당 함량도 탄수화물에 포함된 정도를 가리킨다.

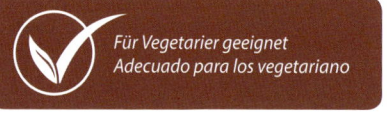

채식제품 표시. 동물성 재료 미첨가

유용한 회화 표현

🎧 5-6.mp3

Welche Fruchtsäfte haben Sie?	어떤 과일주스가 있나요?
Welche Teesorten haben Sie?	어떤 종류의 차가 있나요?
Ich möchte Schwarztee trinken.	홍차를 마시고 싶습니다.
Können Sie Eis(würfel) in den Kaffee geben?	커피에 얼음을 넣어줄 수 있나요?
Ohne Zucker, bitte.	무설탕으로 주세요.
Ohne Milch, bitte.	우유를 빼주세요.
Viel Sahne, bitte.	생크림을 많이 주세요.
Können Sie einen Wein empfehlen?	와인 하나 추천 해 주실 수 있나요?
Haben Sie alkoholfreies Bier?	알코올이 없는 맥주가 있나요?
Welche Eissorten haben Sie?	아이스크림은 어떤 종류가 있나요?
Eine Kugel Eis bitte.	아이스크림 한 스쿱 주세요.
In der Waffel oder im Becher?	와플콘에 드릴까요 컵에 드릴까요?
In der Waffel, bitte.	와플콘에 주세요.

서비스	die Bedienung, -en	베딘-눙
야외좌석	der Platz auf dem Freisitz	플라츠 아우프 뎀 프라이지쯔
아이스크림 카페	das Eiscafé, -s	아이스카페
주스	der Saft, Säfte	자프트
차	der Tee, -s	테
홍차	der Schwarztee	슈바르츠테
녹차	der Grüntee	그륀테
허브차	der Kräutertee	크로이터테
찻잔	die Tasse, -n	타쎄
유리글라스	das Glas, Gläser	글라스
설탕	der Zucker	쭈커
소금	das Salz	잘쯔
생크림	die Sahne	자-네
와플	die Waffel, -n	바펠
컵(머그)	der Becher, -	베허
무카페인	koffeinfrei	코페인프라이
무알코올	alkoholfrei	알코홀프라이
어린이에게 친절한 (어린이 입장가능)	kinderfreundlich	킨더프로인들리히

독일의 유기농 식료품

건강에 대한 관심이 많아지면서 유기농 식료품 시장은 독일에서도 하나의 큰 트렌드로 자리잡았다. 2000년부터 2016년까지 독일 유기농 시장 매출은 약 10배 가까이 성장했다. 유기농 식품 인증마크를 받기 위한 기준은 마크 종류에 따라 조금씩 다르지만, 기본적으로 합성약품을 사용하지 않는 농장에서 나온 상품이어야 한다. 유럽연합에서 공통으로 사용하는 표준마크는 독일어로 'EU-Bio-Siegel'(에우-비오-지겔)'이라고 부르며 유기농, 친환경 제품에서 쉽게 찾아볼 수 있다.

이 마크를 취득한 제품은 성분 중 95% 이상이 유기농 농장에서 유래되었으며, 곡식이나 채소의 경우 허가받은 비료만 사용하여 재배된다. 고기의 경우, 15% 이상 유기농 성분이 함유된 사료를 먹은 돼지와 가금류만 시장에 나올 수 있다. 소나 양은 5% 유기농 함량 사료를 먹고 자란 경우까지 허용된다. 독일은 자체적으로 심열소를 니리 곳곳에 설치하여 EU기준에 맞춰 제품을 검사하고 있는데, 해외에서 수입된 유기농 제품 역시 EU기준만 통과한다면 무리 없이 유기농 인증을 받을 수 있다.

독일 마크로는 'Deutsches Bio-Siegel'(도이체스 비오-지겔)'이라고 하는 육각형 마크가 있다. 기본적으로 EU 공통기준에 부합하는 제품에 부여하는데, 제품 생산자가 자율적으로 붙일 수 있다는 점이 특징이다. 즉, 이 마크가 있다고 해서 EU 유기농 기준에 모두 부합한다고 할 수 없으며, 공식적으로 EU Bio-Siegel을 취득하려면 별도의 검열 신청을 해야한다.

대표적으로 dm(데엠), tegut(테굿)을 비롯하여 모든 슈퍼마켓에서 유기농·친환경 제품들을 일부 찾아볼 수 있으며 전문 매장은 denn's(덴스), Alnatura(알나투라) 등이 있다.

계산하기 Bezahlen

Gast 저기요, 계산하고 싶습니다.
Entschuldigung, ich möchte zahlen.
엔출디궁, 이히 뫼히테 짤-렌.

Kellner 네, 카드로 하시겠어요 현금으로 하시겠어요?
OK, mit Karte oder in bar?
오케이, 밋 카르테 오더 인 바?

Gast 현금으로 할게요.
In bar.
인 바.

Kellner 같이 계산해드릴까요 따로 해드릴까요?
Zusammen oder getrennt?
쭈잠멘 오더 게트렌트?

Gast 같이 하겠습니다.
Zusammen, bitte.
쭈잠멘, 비테.

Kellner 40유로 25센트입니다.
40,25 Euro (vierzig Euro und fünfundzwanzig Cent), bitte.
피어찌히 오이로 운트 퓐프운트츠반찌히 쎈트, 비테.

Gast 42유로로 해주세요.
42 (zweiundvierzig) Euro, bitte.
쯔바이운트피어찌히 오이로, 비테.

Kellner 감사합니다. 오, 동전이 하나도 없네요. 혹시 2유로 있으세요?
Danke schön. Oh, ich habe keine Münzen mehr. Haben Sie vielleicht 2 (zwei) Euro?
당케 쇤. 오, 이히 하베 카이네 뮌첸 메어. 하벤 지 필라이힡 쯔바이 오이로?

Gast	아니요, 없습니다. 그러면 카드로 지불하겠습니다.	

Nein, leider nicht. Dann zahle ich mit Karte.
나인, 라이더 니힡. 단 짤레 이히 밋 카르테.

Kellner 네, 아주 좋습니다. EC카드, 비자나 마스터카드로 계산하실 수 있습니다.

Das wäre super. Sie können mit EC-Karte, Visa oder Masterkarte zahlen.
다스 베레 수퍼. 지 퀸넨 밋 에체-카르테, 비자 오더 마스터카르테 짤렌.

Gast EC카드 있습니다.

Ich habe eine EC-Karte.
이히 하베 아이네 에체-카르테.

Kellner 감사합니다. 멋진 저녁시간 되시기 바랍니다!

Ich danke Ihnen und einen schönen Abend noch!
이히 당케 이넨 운트 아이넨 쇠넨 아벤트 녹흐!

Gast 고맙습니다, 저도 마찬가지입니다!

Danke, gleichfalls!
당케, 글라이히팔스!

Kellner 감사합니다. 안녕히 가세요!

Danke. Wiedersehen!
당케. 비더제엔!

---

die Karte, -n 카르테 카드
bar 바 현금의
die Münze, -n 뮌쩨 동전
vielleicht 필라이히트 아마도, 혹시
EC-Karte 에체-카르테 현금카드
der Abend 아벤트 저녁

mit Karte 밋 카르테 카드로
in bar 인 바 현금으로
einen schönen Abend! 아이넨 쇠넨 아벤트! 멋진 저녁(되시기 바랍니다)!
gleichfalls! 글라이히팔스! 저도 마찬가지입니다! (상대의 말과 같이 응답 할 때)
Wiedersehen! 비더제-엔! 안녕히 가세요!

생생 여행 Tip

• 독일의 팁 문화

독일에서는 식당, 카페를 비롯하여 모든 서비스에 대한 팁 문화가 자율적이다. 따라서 공개적으로 팁을 요구하거나 영수증에도 팁 금액을 명시하는 경우가 없다. 물론 서비스가 훌륭하다고 생각할 경우에는 팁을 줄 수 있다. 식당에서는 테이블마다 담당 직원이 있으므로 계산 시 직접 직원에게 팁을 주면 된다. 일반적으로 총액의 5~10%가 적절한데, 지불액이 100유로가 넘으면 5%만 주어도 충분하다. 팁이라고 따로 말하지 않아도 지불하고 싶은 총액을 말하면 남은 금액은 자연스레 팁으로 준다는 의미가 된다. 택시의 경우 10%, 호텔 룸서비스는 하루에 2~5유로를 주는 것이 통상적이지만 이 또한 어디까지나 고객의 선택이며, 팁을 주지 않는다고 서비스 질이 나빠지는 경우는 거의 없다.

유용한 회화 표현

🎧 5-8.mp3

Ich möchte zahlen.	계산을 하고 싶습니다.
Die Rechnung, bitte.	영수증을 주세요.
Sie haben zweimal Gulaschsuppe gegessen. Stimmt das?	굴라쉬수프 두 그릇을 주문하셨죠. 맞나요?
Können wir getrennt zahlen?	따로(각자) 지불할 수 있습니까?
Zusammen bitte.	같이 지불하겠습니다.
Wie viel kostet alles zusammen?	모두 합해 얼마입니까?
Kann ich mit Kreditkarte zahlen?	신용카드로 계산할 수 있습니까?
Ich brauche kein Rückgeld.	거스름돈은 필요 없습니다.
Stimmt so.	(돈을 건네며) 이 금액으로 계산해주세요.
Ich wünsche Ihnen noch einen schönen Tag!	남은 하루 슬겁게 보내시기 바랍니다!
Danke. Gleichfalls.	감사합니다. 같은 마음입니다.

코스메뉴	Gänge-Menü 갱에-메뉴
전식	die Vorspeise 포어슈파이제
본식	die Hauptgericht 하웁트게리히트
후식, 디저트	die Nachspeise 나흐슈파이제 der Nachtisch 나흐티쉬
셀프서비스	die Selbstbedienung 젤브스트베딘-눙
팁	das Trinkgeld 트링겔트
후추	der Pfeffer 페퍼
소금	das Salz 잘쯔
영수증	die Rechnung, -en 레히눙
직원	der Kellner, - 켈너(남성) die Kellnerin, -nen 켈너린(여성)
반찬(사이드 메뉴)	die Beilage, -n 바이라게
포크	die Gabel, -n 가벨
숟가락	der Löffel, - 뢰펠
칼	das Messer, - 메써
접시	der Teller, - 텔러

독일의 배달 음식

독일은 우리나라처럼 배달을 위한 음식이 따로 마련되어 있지 않고, 대부분 일반 음식점에서 배달을 겸하는 경우가 흔하다. 따라서 저녁 늦은 시간이라도 각국의 다양한 음식을 맛볼 수 있다. 배달 애플리케이션을 활용하면 고객 근처의 식당을 자동으로 찾아주고 결제도 바로 할 수 있어서 편리하다. 일반적으로 배달 가능 최저금액은 9유로~20유로 선이다. 유명한 애플리케이션으로 Lieferando(리퍼란도)와 Lieferheld(리퍼헬트)가 있다.

6
병원

병원 예약하기
진료받기
약국 방문하기

병원 예약하기 Bei einer Praxis einen Termin vereinbaren

Arztpraxis 노벨 선생님의 병원입니다, 안녕하세요.

Praxis Dr. Nobel, guten Tag.

프락시스 독토 노벨, 구텐 탁.

Patient 안녕하세요. 제 이름은 이영미입니다. 예약을 하고 싶습니다.

Guten Tag. Mein Name ist Yongmi Lee. Ich möchte einen Termin bei Ihnen vereinbaren.

구텐 탁. 마인 나메 이스트 영미 리. 이히 뫼히테 아이넨 텔민 바이 이-넨 페어아인바-렌.

Arztpraxis 저희 병원에 오신 적 있나요?

Waren Sie schon mal bei uns?

바렌 지 숀 말 바이 운스?

Patient 아니요. 저는 프랑크푸르트에 새로 이사 왔습니다.

Nein. Ich bin neu in Frankfurt.

나인. 이히 빈 노이 인 프랑크푸르트.

Arztpraxis 어디가 불편하신가요?

Was haben Sie für Beschwerden?

바스 하벤 지 퓌어 베슈베어덴?

Patient 복통과 열이 있습니다.

Ich habe Bauchschmerzen und Fieber.

이히 하베 바우흐슈메르첸 운트 피버.

Arztpraxis 가장 빠른 예약 가능 시간은 목요일 오후 5시 입니다.

Der nächstmögliche Termin ist Donnerstag um 17(siebzehn) Uhr.

데어 네히스트뫼글리혜 텔민 이스트 도너스탁 움 집첸 우어.

Patient	알겠습니다. 좋습니다.	

OK. Das ist gut.
오케이. 다스 이스트 굳.

Arztpraxis	성함을 다시 한 번 말씀해주세요.	

Wiederholen Sie bitte noch einmal Ihren Namen.
비더홀렌 지 비테 노흐 아인말 이-렌 나멘.

Patient	영미 이. 성이 이입니다.	

Yongmi Lee. Mein Nachname ist Lee.
영미 리. 마인 나흐나메 이스트 리.

Arztpraxis	좋습니다. 의료보험 카드를 가져오셔야 합니다. 목요일에 뵙겠습니다.	

Gut. Sie müssen die Karte Ihrer Krankenkasse mitbringen. Bis Donnerstag.
굳. 지 뮈쎈 디 카르테 이어러 크랑켄카쎄 밋브링엔. 비스 도너스탁.

Patient	감사합니다, 그럼 목요일에 봬요.	

Danke, dann bis Donnerstag.
당케. 단 비스 도너스탁.

---

der Termin, -e 텔민 예약
vereinbaren 페어아인바-렌 예약하다, 약속하다
die Beschwerde, -n 베슈베어데 (육체적) 불편함, 고통
Bauchschmerzen 바우흐슈메르첸 복통
Fieber 피버 열
nächst 네히스트 가장 가까운

die Krankenkasse, -n 크랑켄카쎄 의료보험
mit.bringen 밋브링엔 가지고오다
Waren Sie schon mal bei uns? 바렌 지 숀 말 바이 운스? 이미 오신 적이 있나요?
noch einmal 노흐 아인말 한번 더
Bis Donnerstag 비스 도너스탁 목요일에 만나요

생생 여행
Tip

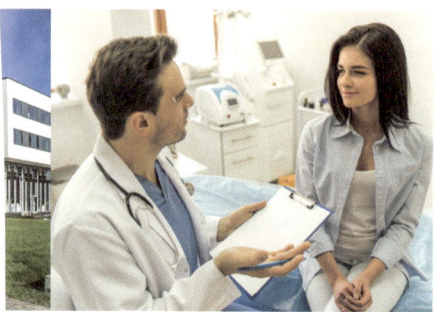

• 독일의 병원 분류

독일의 병원은 우리나라와 같이 개인병원(Praxis: 프락시스)과 종합병원(Krankenhaus/Klinik: 크랑켄하우스/클리닉)으로 나뉜다. 종합병원은 주로 시립으로 의과대학과 연계되어 있어 도시 이름이나 대학 이름이 붙은 경우가 많다. 종합병원은 우리나라와 비슷하게 예약과 대기가 필수인 시스템으로 운영되지만 개인병원의 경우 조금 다르다. 개인병원은 전문의와 일반의로 나뉘며, 전문의에게 가려면 일반의의 위탁증(Überweisung: 위버바이중)이 필요하다. 일반의는 독일어로 **Allgemeinmedizin**(알게마인메디찐) 또는 **Hausarzt**(하우스아츠트)라고 부른다. 우리말의 가정의학과로 이해하면 쉽다. 한국과 독일의 가장 큰 차이는, 독일에서 가정의학과는 말 그대로 '가정' 또는 '개인'을 전담하는 의사다. 따라서 한 번 가정의가 정해지면 바뀌는 경우가 드물며, 병을 본격적으로 치료하기에 앞서 가정의와 충분한 상담을 하는 게 절차다. 감기와 같은 가벼운 질병은 가정의의 처방으로 마무리되는 경우가 많다.

일반의(Allgemeinmedizin) 병원 표지판. 의사 이름, 진료시간, 전화번호가 함께 쓰여있다.

Ich möchte einen Termin vereinbaren.	예약을 하고 싶습니다.
Wann haben Sie Sprechstunde?	상담시간이 언제 입니까?
Könnte ich heute noch vorbeikommen?	오늘 (예약 없이) 들러도 되나요?
Heute sind wir schon ziemlich voll.	오늘은 예약이 상당합니다.
Aber wenn Sie möchten, können Sie um 18 Uhr kommen.	그래도 원하신다면 오후 6시에 오시기 바랍니다.
In dieser Woche gibt es keine Termine in der Sprechstunde mehr.	이번주에는 모든 상담시간이 찼어요.
Dr. Müller hat in dieser Woche Urlaub.	뮐러 선생님은 이번주에 휴가입니다.
Was für eine Beschwerde haben Sie? (= Was fehlt Ihnen?)	어디가 아프세요?
Ich habe Kopfschmerzen.	머리가 아파요.
Ich habe Magenprobleme.	위 문제가 있습니다.
Mir geht es nicht gut.	몸이 좋지 않습니다.
Ich habe Halsschmerzen.	목이 아파요.

어휘 플러스

개인병원	die Praxis, Praxen	프락시스
종합병원	das Krankenhaus, Krankenhäuser die Klinik, Kliniken	크랑켄하우스 클리닉
의사	der Arzt, -e die Ärztin, -nen	아츠트(남성) 에어츠틴(여성)
간호사	die Krankenschwester, -	크랑켄슈베스터
접수처	die Rezeption, -en	레쩹찌온
환자	der Patient, -en	파찌엔트
대기실	das Wartezimmer, -	바르테찜머
예약	der Termin, -e	텔민
상담시간(진료시간)	die Sprechstunde, -n	슈프레히슈툰데
의료보험	die Krankenkasse, -n	크랑켄카쎄
정밀검사	die Untersuchung, -en	운터죽훙
진료신청서 (전문의 방문시 필요)	die Überweisung, -en	위버바이중
의료보험카드	die Versichertenkarte, -n	페어지허르텐카르테
병가신청서	die Krankmeldung, -en	크랑크멜둥

독일의 공보험

공보험 AOK 보험카드

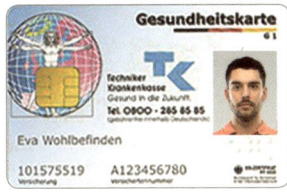
공보험 TK 보험카드

독일인들은 개인의 필요에 맞게 공보험 혹은 사보험을 든다. 사보험은 공보험보다 보험 비용이 높은 대신 응급 시나 수술 시 보다 빠른 조치를 받을 수 있다. 독일 대학에 등록하는 학생이라면 국적과 상관없이 모두 보험에 들어야 한다. 특히 만 30세 이하의 외국 학생이라면 공보험증이 비자를 받기 위한 필수 조건 중 하나다. 공보험이라고 하여 정부에서 관리하는 것이 아니라 보험회사가 따로 마련되어 있다. 대표적인 회사로는 AOK, TK, ikk, hkk 등이 있으며, 가입 방법은 입학 허가증과 같이 보험가입 이유를 증명하는 서류를 가지고 가장 가까운 지점에 방문하는 것이다. 학생 공보험의 한달 회비는 대략 한화 11만원이며, 매달 직접(자동이체) 지불한다. 직업이 있는 근로자의 경우 보험비가 인상되고 월급 중 세금에 포함되어 처리된다. 각 보험사마다 가입과 변경절차가 다르니 반드시 미리 알아보고 가입하는 것이 좋으며 학생의 경우 학교 내에 지점이 있는 보험사에 가입하는 게 편리하다.

진료받기 Gespräch mit dem Arzt

Patient 안녕하세요, 노벨 선생님.

Guten Tag, Herr Dr. Nobel.
구텐 탁, 헤어 독토 노벨.

Doktor 안녕하세요. 어디가 안 좋으신가요?

Guten Tag. Was fehlt Ihnen denn?
구텐 탁. 바스 펠-트 이-넨 덴?

Patient 3일 전부터 몸이 많이 안 좋아요. 복통, 열 그리고 인후통이 있어요.

Seit 3(drei) Tagen fühle ich mich richtig schlecht. Ich habe Bauchschmerzen, Fieber und Halsweh.
자잍 드라이 타겐 퓔레 이히 미히 리히티히 슐레히트. 이히 하베 바욱흐슈메어쩬, 피버 운트 할스베-.

Doktor 체온을 재보셨나요?

Haben Sie Ihre Temperatur gemessen?
하벤 지 이-레 템퍼라투어 게메쎈?

Patient 네, 어제부터 계속 38.5도입니다.

Ja, seit gestern habe ich 38.5 Grad.
야, 자잍 게스턴 하베 이히 드라이운트악흐찌히 콤마 퓐프 그라트.

Doktor 제가 한번 보겠습니다. 아 해보세요. 슈미트 씨, 독감에 걸리셨네요.

Ich schaue Sie mir mal an. Sagen Sie bitte A. Herr Schmidt, Sie haben Grippe.
이히 샤우에 지 미어 말 안. 자겐 지 비테 아. 헤어 슈미트, 지 하벤 그리페.

물을 많이 마시고 푹 쉬셔야 합니다.

Sie sollten viel Wasser trinken und sich ausruhen.
지 졸텐 필 바써 트링켄 운트 지히 아우스루-엔.

Patient	많이 안 좋은가요?
	Ist es sehr schlimm?
	이스트 에스 제어 슐림?
Doktor	아닙니다, 그래도 병가를 써 드릴게요.
	Nein, aber ich schreibe Sie krank.
	나인, 아버 이히 슈라이베 지 크랑크.
	직장에 제출하실 병가증명서를 드리겠습니다. 인후통 약 처방전도 드리겠습니다.
	Sie bekommen eine Krankmeldung für Ihren Arbeitgeber. Ich erstelle ein Rezept für Medikamente gegen das Halsweh.
	지 아이네 크랑크멜둥 퓌어 이-렌 아르바이트게버. 이히 에어슈텔레 아인 레쳅트 퓌어 메디카멘테 게겐 다스 할스베-.
Patient	정말 감사합니다.
	Vielen Dank.
	필렌 당크.

---

fehlen + (Dat.) 펠-렌
  (Dat)에게 ~이 없다, 좋지 않다
seit + (시간) 자이트 (시간)부터 지금까지
sich fühlen 지히 퓔-렌 느끼다, 기분이 든다
schlecht 슐레히트 상태가 나쁜
das Halsweh 할스베- 인후통
die Temperatur 템퍼라투어 온도
messen 메쎈 (온도, 수치 등을) 측정하다
der Grad 그라트 도(단위)
die Grippe 그리페 독감

sich aus.ruhen 지히 아우스루-엔 푹 쉬다
krankschreiben 크랑크슈라이벤 병가를 쓰다
bekommen 베콤멘 받다
erstellen 에어슈텔렌 작성하다
die Krankmeldung 크랑크멜둥 병가서
der Arbeitgeber 아르바이츠게버 고용주(직장)
das Rezept, -e 레쳅트 처방전, 레시피
seit 3 Tagen 자잍 드라이 타겐 3일 전부터
viel Wasser trinken 필 바써 트링켄 물을 많이 마시다

생생 여행
Tip

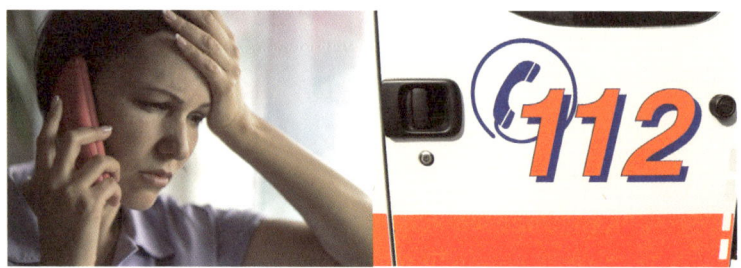

응급 시 병원 찾기

독일에서 한밤중 혹은 모든 병원이 문닫은 시간에 몸이 아프다면? 몸을 가누지 못할 정도로 상태가 심각할 때엔 지역번호 없이 112로 전화하면 응급차를 부를 수 있다. 우리나라 112 경찰 전화번호와 헷갈리지 말자. 독일 경찰의 전화번호는 110이다. 심각하지 않지만 늦은 저녁 시간에 병원에 가야 한다면 116 또는 117에 전화 하면 된다. 지역번호 없이 이 번호로 전화를 걸어 증상을 말하면 근처에 당직근무(Bereitschaftsdienst: 베라이트샤프트딘-스트)를 하는 병원과 약국을 알 수 있다. 해당 병원이 실제로 당직근무를 하는지 확인하고 가는 것이 좋다.

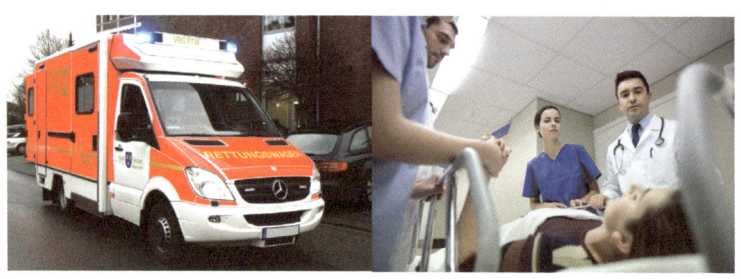

유용한 회화 표현

🎧 6-4.mp3

Was fehlt Ihnen?	어디가 안 좋으세요?
Was haben Sie für Beschwerden?	어느 부분이 불편하신가요?
Ich fühle mich schlecht.	많이 안 좋은 것 같습니다.
Seit wann haben Sie Schmerzen?	언제부터 통증이 있었나요?
Seit 2 Wochen habe ich Kopfschmerzen.	2주 전부터 두통이 있었어요.
Ich habe Husten.	기침이 나요.
Ich habe Migräne.	편두통이 있어요.
Ich habe Darmschmerzen.	장이 아파요.
Ich habe Magenschmerzen.	위가 아파요.
Mein Hals kratzt.	목구멍이 껄끄러워요.
Die Haut juckt.	피부가 가려워요.

복통	die Bauchschmerzen 바욱흐슈메어쩬
인후통	die Halsschmerzen 할스슈메어쩬
두통	die Kopfschmerzen 콥프슈메어쩬
열	das Fieber 피버
갑상선염	die Schilddrüsenentzündung 쉴드드뤼셀엔트쮠둥
염증	die Entzündung 엔트쮠둥
류머티즘	das Rheuma 로이마
충치	die Karies 카리에스
치주염	die Parodontitis 파로돈티티스
뇌출혈	der Schlaganfall 슐락안팔
심장마비, 경색	der Herzinfarkt 헤어츠인팍트
고혈압	der Bluthochdruck 블루트홀흐드룩
구급차	die Ambulanz, -en 암뷸란츠
설사	der Durchfall 두어히팔
감기	die Erkältung 에어켈퉁
수면부족	der Schlafmangel 슐라프망엘

의사가 취미를 물어본다면?

독일에서 처음 가정의(Hausarzt: 하우스아츠트)를 방문하면 의사가 환자의 취미나 직업, 종교, 출신지 등을 물을 수 있다. 다른 의도가 아니라 환자의 생활 습관과 과거 병력 등을 파악하기 위해서다. 독일인들은 가정의 즉, 담당의를 한번 정하면 잘 바꾸지 않기 때문에 가족 전체 혹은 2대에 걸쳐 담당의가 같은 경우도 흔하다. 'Hausarzt'란 단어에 담긴 의미처럼 내 Haus(가정)를 책임지는 의사인 것이다. 이처럼 오랜 기간 의사와 친분이 쌓인 환자들은 부활절이나 크리스마스에 작은 선물로 친분 표시 겸 감사 인사를 하기도 한다.

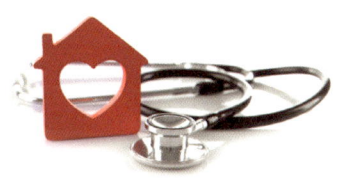

약국 방문하기 Apotheke besuchen

Patient

안녕하세요. 편두통 약이 필요합니다.

**Guten Tag.
Ich brauche ein Arzneimittel gegen Migräne.**
구텐 탁. 이히 브라우헤 아인 아쯔나이미텔 게겐 미그레네.

Apotheker

안녕하세요. 누구에게 필요한 약인가요?

Guten Tag. Für wen ist das Arzneimittel?
구텐 탁. 퓌어 벤 이스트 다스 아쯔나이미텔?

Patient

저희 아버지요. 엊그제부터 심한 두통이 있습니다.

**Für meinen Vater.
Er hat seit vorgestern starke Kopfschmerzen.**
퓌어 마이넨 파터. 에어 핫 자잍 포어게스턴 슈타르케 콥프슈메어쩬.

Apotheker

아버지께서 지금까지 다른 약을 복용했나요?

Hat er bisher andere Arzneimittel angewendet?
핱 에어 비스헤어 안더레 아쯔나이미텔 안게벤데ㅌ?

Patient

아니요. 약을 어떻게 복용해야 합니까?

Nein. Wie muss man es dosieren?
나인. 비 무쓰 만 에스 도지어렌?

Apotheker

식사 후에 두 알을 드세요.

Nehmen Sie 2 Tabletten nach den Hauptmahlzeiten.
네멘 지 쯔바이 타블레텐 낙흐 덴 하웁트말짜이텐.

Patient

하루에 세 번이죠?

Drei Mal am Tag?
드라이 말 암 탁?

Apotheker	맞습니다. 만약 일주일 후에도 증상이 나아지지 않으면, 담당의사와 상의하시는 게 좋습니다. **Genau. Wenn sich seine Beschwerden in einer Woche nicht bessern, sollte er sich an seinen Arzt wenden.** 게나우. 벤 지히 자이네 베슈베어덴 인 아이너 보헤 니히트 베써른, 졸테 에어 지히 안 자이넨 아츠트 벤덴.
Patient	알겠습니다. 약이 얼마죠? **Alles klar. Wie viel kostet das Arzneimittel?** 알레스 클라. 비 필 코스텥 다스 아쯔나이미텔?
Apotheker	9유로 99센트입니다. 감사합니다. **9,99 Euro**(neun Euro neunundneunzig Cent). **Danke schön.** 노인 오이로 노인운노인찌히 쩬트. 당케 쉰.
Patient	감사합니다. 안녕히 계세요. **Danke. Wiedersehen.** 당케. 비더제-엔.

---

die Migräne 미그레네 편두통
brauchen 브라욱흔 필요하다
das Arzneimittel, -n 아쯔나이미텔 의약(상위개념)
der Vater, Väter 파터 아버지
vorgestern 포어게스턴 엊그제
bisher 비스헤어 지금까지
an.wenden 안벤덴 사용하다
dosieren 도지-렌 복용하다
lutschen 루첸 입으로 빨아먹다

die Tabeltte, -n 타블레테 알약
die Hauptmahlzeit, -en 하웁트말-짜잍 주 식사시간(1일 3번)
das Medikament, -e 메디카멘트 약, 의약품
sich bessern 지히 베써른 나아지다
für wen 퓌어 벤 누구를 위해
seit vorgestern 자잍 포어게스턴 엊그제부터
am besten 암 베스텐 가장 좋은
nach den Hauptmahlzeiten 낙흐 덴 하웁트말짜이텐 주 식사 시간 후에

생생 여행 Tip

• 약국 이용

독일도 우리나라처럼 의약분업을 하고 있기 때문에, 처방전이 있어야만 살 수 있는 약과 없어도 살 수 있는 약이 구분되어 있다. 일반적으로 처방전이 필요없는 약의 가격이 비싼 편이다. 처방받은 약의 가격은 보험 종류에 따라 환자가 지불해야 하는 비용이 다르다. 우리나라처럼 약국마다 가지고 있는 약 종류가 조금씩 다르므로 병원과 가장 가까운 약국에 가는 것이 좋다. 두통, 기침, 재채기 등 가벼운 증상에 필요한 약은 약사와 상담하여 즉석에서 약을 구매할 수 있다. 그 밖에도 약국에서만 살 수 있는 화장품과 영양제가 있다. 만약 필요한 제품이 약국에 없다면 주문하면 된다. 주문을 하면 보통 반나절에서 하루 뒤 물건을 찾을 수 있으며, 반드시 주문 확인 영수증을 갖고 같은 약국을 재방문 해야한다.

유용한 회화 표현

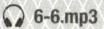 6-6.mp3

Was kann ich für Sie tun?	무엇을 도와드릴까요?
Bitte nehmen Sie Platz. Ich komme gleich zu Ihnen.	자리에 앉으세요(기다려주세요). 곧 가겠습니다.
Einen Moment, bitte.	잠시만 기다려주세요.
Haben Sie ein Rezept von Ihrem Arzt?	의사의 처방전이 있나요?
Ich habe genau das Richtige für Sie.	증상에 정확히 맞는 약이 있습니다.
Für wen brauchen Sie das Medikament?	누가 약이 필요한가요?
Wo tut es weh?	어디가 아픈가요?
Wann muss ich das Medikament einnehmen?	언제 약을 복용해야 하나요?
Wie viele Tabletten muss Ich einnehmen?	몇 알을 복용해야 하나요?
Muss ich sonst noch etwas beachten?	다른 주의 사항이 있나요?
Können Sie mir etwas gegen Kopfschmerzen geben?	두통에 도움되는 것을 주실 수 있나요?
Ich denke, ich habe einen Sonnenbrand. Können Sie mir eine Salbe geben?	햇빛화상을 입은 것 같습니다. 연고를 주실 수 있나요?

…를 위한 약	Medikament für… 메디카멘트 퓌어…
소화	die Verdauung 페어다우웅
설사	der Durchfall 두어히팔
열	das Fieber 피-버
붕대	die Binde, -n 빈데
반창고	das Pflaster, - 플라스터
마스크	die Maske, -n 마스케
화장품	die Kosmetik 코스메틱
살충제	das Pestizid, -e 페스티찌드
연고	die Salbe, -n 잘베
영양제	das Nahrungsergänzungsmittel 나-룽스에어겐쭝스미텔
치약	die Zahnpasta, Zahnpasten 차안-파스타

독일에서 가장 오래된 약국은?

사진출처: http://www.apotheke-adhoc.de

중세도시 트리어(Trier)에 있는 '사자약국(Löwen-Apotheke)'은 1241년부터 약국의 용도로 쓰였다고 한다. 1530년까지 개인 소유였다가 1531년 귀족 부인들의 양로원 세인트 토마스 양로원에 귀속되었다. 그 뒤 1649년까지의 소유권과 운영에 대해서는 정확한 정보가 없으나, 1606년경 시청 소속 약사였던 요한네스 루프레히트 엘렌츠의 소유였다는 정보만 확인된다. 엘렌츠는 아들에게 약국을 물려주었고 이후 엘렌츠 아들의 친구인 오르트가 약국을 매매한 뒤 지금까지 오르트 가문 내 사위, 손자 등 대를 거쳐 가족 경영이 이어지고 있다.

사진출처: http://www.loewen-apotheke-pegnitz.de/

7
관공서 · 은행

거주등록하기
엽서 보내기
계좌 개설하기

거주등록하기 Neue Adresse anmelden

(동사무소에서)

Beamte 안녕하세요. 자리에 앉으세요. 어떻게 도와드릴까요?

Guten Tag. Nehmen Sie bitte Platz. Wie kann ich Ihnen helfen?

구텐 탁. 네멘 지 비테 플라츠. 비 칸 이히 이-넨 헬펜?

Kunde 안녕하세요. 얼마 전 쾰른으로 새로 이사왔습니다.
새 주소를 거주지로 등록하고 싶습니다.

Hallo. Ich bin kürzlich nach Köln umgezogen. Ich möchte meine neue Adresse anmelden.

할로. 이히 빈 퀴어쯜리히 낙흐 쾰른 움게쪼겐. 이히 뫼히테 마이네 노이에 아드레쎄 안멜덴.

Beamte 좋습니다. 집 계약서와 신분증을 갖고 계신가요?

Gern. Haben Sie den Mietvertrag und Ihren Ausweis dabei?

게언. 하벤 지 덴 밑페어트락 운트 이-렌 아우스바이스 다바이?

Kunde 네, 여기 있습니다.

Ja, Bitte schön.

야. 비테 쇤.

Beamte 감사합니다. 대한민국 서울에서 오셨네요. 맞나요?

Danke. Sie kommen aus Seoul, Südkorea. Richtig?

당케. 지 콤멘 아우스 서울 쥐드코레아. 리히티히?

Kunde 네, 한국에서 왔습니다.

Ja, ich komme aus Südkorea.

야. 이히 콤메 아우스 쥐드코레아.

Beamte	집세로 500유로를 내시는군요. 부대비용(난방비와 온수비)이 포함된 집세인가요? **Sie zahlen 500(fünfhundert) Euro für die Miete. Warmmiete?** 지 짤-렌 퓐프훈데르트 오이로 퓌어 디 미-테. 밤미-테?
Kunde	아뇨, 포함되지 않은 기본 집세입니다. 부대금액까지 포함하면 650유로 입니다. **Nein, Kaltmiete. Die Warmmiete ist 650(sechshundertfünfzig) Euro.** 나인, 칼트미-테. 디 밤미-테 이스트 젝스훈데르트퓐프찌히 오이로.
Beamte	알겠습니다. 새 주소지 거주등록은 무료입니다. **Alles klar. Die Anmeldung der neuen Adresse ist kostenlos.** 알레스 클라. 디 안멜둥 데어 노이엔 아드레쎄 이스트 코스텐로스. 쾰른의 새 거주자들을 위한 환영 책자를 드리겠습니다. **Ich gebe Ihnen ein Willkommensbuch für neue Bewohner von Köln.** 이히 게베 이-넨 아인 빌콤멘스북흐 퓌어 노이에 베보너 폰 쾰른.
Kunde	오, 고맙습니다! **Oh, danke schön!** 오, 당케 쉰!

---

der Platz, Plätze 플라츠 자리
küzlich 퀴어쯜리히 최근에
um.ziehen 움찌-엔 이사하다
Köln 쾰른 쾰른
die Adresse, -n 아드레쎄 주소
dabei.haben 다바이하벤 (수중에) 가지고 있다
der Mietvertrag, Mietverträge
  믿-페어트락 집 임대계약서
der Ausweis, -e 아우스바이스 신분증

die Monatsmiete 모나츠미-테 월세
die Miete 미-테 집세, 방세
die Warmmiete 밤미-테
  (온수와 난방비를 합친) 집세
die Kaltmiete 칼트미-테
  (온수와 난방비를 제외한) 기본집세
die Anmeldung 안멜둥 신청, 등록
kostenlos 코스텐로스 무료의
der Bewohner, - 베보-너 거주자

생생 여행 Tip

© Stadt Leipzig / Lisa Glaser 사진출처: https://www.leipzig.de/buergerservice-und-verwaltung/aemter-und-behoerdengaenge/behoerden-und-dienstleistungen/dienststelle/buergeramt-wiedebach-passage-10007013/

● 전입 신고와 전출 신고

독일에 처음 이사를 왔다면 근처 동사무소(Bürgeramt: 뷔거암트)에 전입 신고(Anmeldung: 안멜둥)를 해야한다. 전입 신고가 되지 않으면 은행계좌 개설, 비자 신청, 보험 가입 등에 어려움을 겪을 수 있으니 독일 생활 정착에 가장 중요한 첫 단추라 할 수 있다. 동사무소는 집 근처에 있는 곳으로 가는 게 편리하지만 같은 도시 내 다른 지점으로 가도 무방하다. 전입 신고 시엔 보통 거주자 본인의 이름으로 된 집 계약서와 신분증(여권)이 필요하다. 도시에 따라 집주인의 확인서 또는 집세증명서 등이 필요할 수 있으니 체크해야 한다. 다른 집으로 이사하면 같은 방법으로 거주지 변경신고(Ummeldung: 움멜둥)를, 독일을 완전히 떠난다면 전출신고(Abmeldung: 압멜둥)를 해야 한다. 단순히 도시만 옮길 경우엔 움멜둥만 하면 된다.

프랑크푸르트에 처음 전입신고를 하면 주는 도시 쿠폰 북. 박물관과 음식점 할인 쿠폰이 들어있다.

유용한 회화 표현

🎧 7-2.mp3

Kann ich einen Termin für die Anmeldung meiner Adresse vereinbaren?	거주등록을 위한 예약을 할 수 있을까요?
Kann ich ohne Termin vorbeikommen?	예약 없이 들러도 되나요?
Ich möchte meine neue Adresse anmelden.	새 거주지를 등록하고 싶습니다.
Kann ich meine neue Adresse anmelden?	새 거주지를 등록할 수 있을까요?
Ich möchte meine Adresse ummelden.	거주지 변경을 하고 싶습니다.
Ich möchte meine Adresse abmelden.	전출신고를 하고 싶습니다.
Ziehen Sie bitte eine Wartenummer.	대기번호를 뽑아주세요.
Warten Sie bitte.	대기해주세요.
Ihre Nummer wird gleich aufgerufen.	대기번호가 곧 호출됩니다.

어휘 플러스

예약	**der Termin, -e** 텔민
약속하다	**vereinbaren** 페어아인바-렌
방문하다	**besuchen** 베죽흔
대기하다	**warten** 바르텐
대기번호	**die Wartenummer, -** 바르테눔머
대기줄	**die Warteschlange, -n** 바르테슐랑에
대기실	**das Wartezimmer** 바르테찜머
뽑다, 당기다	**ziehen** 찌-엔
호출하다, 불러내다	**auf.rufen** 아우프루펜
공무원	**der Beamte, -n** 베암테(남성) **die Beamtin, -nen** 베암틴(여성)
상담시간	**die Sprechstunde, -n** 슈프레히슈툰데
개점시간	**die Öffnungszeit, -en** 외프눙스짜이트
관청	**die Behörde, -n** 베회어데
증빙서류	**die Unterlage, -n** 운터라게
서류철, 파일	**der Ordner, -** 오드너
서명	**die Unterschrift, -en** 운터슈리프트

독일이 궁금해 — 관청 대기시간 줄이기

우체국과 은행을 제외하고 독일에서 공공기관에 들르려면 사전 예약을 하는 것이 좋다. 특히 외국인관청(Ausländerbehörde: 아우스랜더베회어데)은 몇 달을 기다려야 할 수도 있으니 필히 2~3달 전에 예약 문의를 해야 한다. 온라인으로 예약(Online Terminvereinbarung: 온라인 텔민페어아인바룽)할 수 있으며, 도시 별 홈페이지(www.도시이름.de)에서 해당 링크를 찾아가면 된다. 예약없이 방문할 경우 선착순으로 번호를 부여하여 처리한다. 사전 예약이 많은 날엔 소수의 방문자에게만 번호를 부여해서 업무 시작 몇 시간 혹은 하루 전부터 줄을 서야하는 경우도 있다. 가능하다면 도시 거주자에게 미리 정보를 물어 요령 있게 가는 것이 중요하다.

도시 홈페이지 (인구 수 기준 상위 10개 도시)

1. 베를린 www.berlin.de
2. 함부르크 www.hamburg.de
3. 뮌헨 www.muenchen.de
4. 쾰른 www.stadt-kooln.de
5. 프랑크푸르트 암 마인 www.frankfurt.de
6. 슈투트가르트 www.stuttgart.de
7. 뒤셀도르프 www.duesseldorf.de
8. 도르트문트 www.dortmund.de
9. 에센 www.essen.de
10. 라이프치히 www.leipzig.de

엽서 보내기 Postkarte schicken

(우체국에서)

Mitarbeiter 다음 분 와주세요.

Der Nächste, bitte.
데어(여자: 디) 네히스테, 비테.

Kunde 안녕하세요. 제 남자친구에게 엽서 한 장을 보내고 싶습니다.

Guten Tag. Ich möchte meinem Freund eine Postkarte schicken.
구텐 탁. 이히 뫼히테 마이넴 프로인트 아이네 포스트카르테 쉬켄.

Mitarbeiter 엽서를 어디로 보내실 건가요?

Wohin möchten Sie die Postkarte abschicken?
보힌 뫼히텐 지 디 포스트카르테 압쉬켄?

Kunde 남자친구가 한국에 살아요. 즉 한국으로요.

Er wohnt in Korea. Also nach Südkorea.
에어 본-트 인 코레아. 알조 나흐 쥐드코레아.

Mitarbeiter 이미 우표를 갖고 계십니까?

Haben Sie schon eine Briefmarke?
하벤 지 숀 아이네 브리프마-케?

Kunde 아니요. 5장 사고 싶습니다.

Nein. Ich möchte 5(fünf) Stück kaufen.
나인. 이히 뫼히테 퓐프 슈튁 카우펜.

Mitarbeiter 한 장에 90센트입니다. 5장은 총 4,50유로입니다.

Ein Stück kostet 0,90 Euro(neunzig Cent).
5 Marken kosten 4,50 Euro(vier Euro fünfzig Cent).
아인 슈튁 코스텐 노인찌히 쎈트. 퓐프 마르켄 코스텐 피어 오이로 퓐프찌히 쎈트.

Kunde	여기, 5유로요. **Hier, 5(fünf) Euro.** 히어, 퓐프 오이로.
Mitarbeiter	고맙습니다. 지금 엽서 한 장을 한국으로 보내려고 하시죠, 맞나요? **Danke. Sie wollten jetzt schon eine Postkarte nach Korea schicken, oder?** 당케. 지 볼텐 예츠트 숀 아이네 포스트카르테 낙흐 코레아 쉬켄, 오더?
Kunde	맞습니다. 엽서 드릴게요. 감사합니다. **Genau. Ich gebe Ihnen die Postkarte. Danke.** 게나우. 이히 게베 이-넨 디 포스트카르테. 당케.
Mitarbeiter	아닙니다. 안녕히 가세요. **Gern. Auf Wiedersehen.** 게언. 아우프 비더제-엔.
Kunde	안녕히 계세요. **Wiedersehen.** 비더제-엔.

---

nächst(-er/-e/-es) 네히스트 다음의
die Postkarte, -n 포스트카르테 엽서
ab.schicken 압쉬켄 발송하다
das Stück, -e 슈튁 조각, 장
die Briefmarke, -n 브리프마르케 우표

jetzt 예츠트 지금
der/die Nächste bitte 데어/디 네히스테 비테 다음 분이요
nach Südkorea 낙흐 쥐드코레아 대한민국으로
gern 게언 좋아요, 천만에요

생생 여행 Tip

www.deutschepost.de

● 국제우편 규격별 가격

독일 여행 중 발견한 예쁜 엽서를 한국에 있는 친구에게 보내고 싶다면? 독일에서 한국으로 편지나 소포를 보낼 땐 아래 우편규격과 가격표를 참고하자.

종류	규격 (cm)	무게 (g)	가격 (유로)
편지	가로 23.5 × 세로 12.5까지	20까지	0,90
		21~50	1,50
엽서	가로 23.5 × 세로 12.5까지		0,90
소포	가로+세로+높이=90까지	500까지	3,70
		501~1000	7,00
		1001~2000	17,00
	가로+세로+높이=100까지	2000까지	46,99

*기타 수치 배송비 조회: www.portokalkulator.de

유용한 회화 표현

🎧 7-4.mp3

Ich möchte ein Paket nach Japan schicken.	소포 하나를 일본으로 보내고 싶습니다.
Ich brauche eine Briefmarke.	우표 한 장이 필요합니다.
Wie viel kostet ein Paket nach Übersee?	해외발송 소포는 얼마인가요?
Wie viel kostet ein Brief nach China?	중국으로 엽서를 보내려면 얼마인가요?
Ein Einschreiben kostet 3 Euro.	등기는 3유로 입니다.
In ein EU-Land kostet ein Paket 5 Euro.	유럽국가 내에서 소포는 5유로 입니다.
Als Premium-Paket geht es schneller.	프리미엄 택배는 더 빠릅니다.
Es braucht 6 Tage.	6일 걸립니다.
Sie können Ihr Paket in der nächsten Postfiliale abholen.	소포를 가장 가까운 우체국 지섬에서 찾으실 수 있습니다. * 독일은 소포 배송지에 수신인이 부재중일 경우 이웃이나 가까운 우체국에 맡겨진다.
Sie brauchen Ihren Ausweis um das Paket abzuholen.	소포를 찾으시려면 신분증이 필요합니다.

일반소포	das Paket, -e 파켙
소형소포	das Päckchen, - 펙헨
등기	das Einschreiben, - 아인슈라이벤
봉투	der Umschlag, Umschläge 움슐락
서명	der Unterschrift, -en 운터슈리프트
장소	der Ort, -e 오르트
유럽국가	EU-Land 에우-란트
해외(발송편)	Weltweit 벨트바이트
보내는 사람	der Absender, - 압젠더
받는 사람	der Empfänger, - 엠펭어
주소	die Adresse, -n 아드레쎄
우편번호	die Postleitzahl 포스트라잍짜-알
반송	die Rücksendung, -en 뤽젠둥
관세	der Zoll 쫄
나라	das Land, Länder 란트

소포가 독일에 도착하지 않으면?

한국에서 독일로 보낸 소포가 수 일이 지나도 오지 않는다면 세관으로 갔을 확률이 높다. 세관에서 소포를 보관하면 집으로 송장과 편지가 온다. 편지에는 방문할 세관 주소와 시간이 쓰여 있다. 편지와 영수증을 갖고 담당 세관 사무실로 가서 소포를 직접 뜯고 직원의 질문에 응대하면 된다. 의약품이나 개인이 포장한 음식물이 검토 대상이 되기 쉽다(진공 포장하면 대부분 문제되지 않는다). 배송 금지 품목이 포함되어 있으면 즉석에서 압수될 수도 있다. 검토 대상에 포함되지 않은 물건은 바로 가져갈 수 있다. 만약 직접 세관 사무실을 방문하기 어렵다면 편지와 함께 동봉된 서류를 작성하여 보내면 세관 측에서 물건을 검사한 뒤 집으로 배송 해 준다. 이 경우 최소 4주의 시간과 약 30유로의 수수료가 든다.

관세청 상징마크.
독수리 아래에 '세관'이라고 쓰여있다.

계좌 개설하기 Konto eröffnen

(은행에서)

Mitarbeiter

안녕하세요. 오늘 계좌 개설 예약을 잡으셨죠? 자리에 앉으세요.

Guten Tag. Wir haben heute einen Termin für eine Kontoeröffnung? Nehmen Sie bitte Platz.

구텐 탁. 비어 하벤 호이테 아이넨 텔민 퓌어 아이네 콘토에어외프눙? 네멘 지 비테 플라츠.

왜 저희 은행의 계좌가 필요하신지 여쭤봐도 될까요?

Darf ich Sie fragen, warum Sie bei uns ein neues Konto brauchen?

다프 이히 지 프라겐, 바룸 지 바이 운스 아인 노이에스 콘토 브라욱흔?

Kunde

매달 나가는 돈 때문에 현금입출금용 계좌가 필요해요.
이 은행이 저희 집에서 가장 가깝기도 하고요.

Ich brauche ein Girokonto für die monatlichen Zahlungen.
Ihre Filiale ist sehr nah von meiner Wohnung.

이히 브라우헤 아인 지로콘토 퓌어 디 모나틀리헨 짤룽엔.
이-레 필리알레 이스트 제어 나 폰 마이너 보눙.

Mitarbeiter

네. 다시 말해 개인용 현금계좌를 말씀하시는 것이군요.

Gut. Also sprechen wir jetzt über ein privates Girokonto.

굳. 알조 슈프레헨 비어 예츠트 위버 아인 프리바테스 지로콘토.

좋습니다. 당신의 신분증과 거주등록증이 필요합니다.

Prima. Dann brauche ich Ihren Ausweis und Meldebescheinigung.

프리마. 단 브라욱헤 이히 이-렌 아우스바이스 운트 멜데베샤이니궁.

Kunde

지금 여권밖에 없습니다. 괜찮은가요?

Ich habe nur meinen Reisepass dabei. Ist es OK?

이히 하베 누어 마이넨 라이제파쓰 다바이. 이스트 에스 오케이?

🎧 7-5.mp3

Mitarbeiter 물론입니다. 이 신청서에 두 번 서명해주세요.

Natürlich. Unterschreiben Sie bitte zwei Mal auf diesem Antrag.

나튀얼리히. 운터슈라이벤 지 비테 츠바이 말 아우프 디젬 안트락.

Kunde 여기 있습니다.

Bitte schön.

비테 쇤.

Mitarbeiter 다 됐습니다. 다음주에 비밀번호와 카드를 우편으로 받으실 겁니다.

Alles ist fertig.
Sie erhalten nächste Woche die PIN-Nummer und Ihre Kontokarte per Post.

알레스 이스트 페어틱.
지 에어할텐 네히스테 보헤 디 핀-눔머 운트 이-레 콘토카르테 퍼 포스트.

---

das Konto, Konten 콘토 계좌
das Girokonto 지로콘토 현금계좌
die Kontoeröffnung 콘토에어외프눙 계좌개설
monatlich 모나틀리히 매달
die Zahlung, -en 짤-룽 지불
privat 프리밧 사적인
der Ausweis, -en 아우스바이스 신분증
die Meldebescheinigung, -en
  멜데베샤이니궁 거주확인증
der Antrag, Anträge 안트락 신청서
erhalten 에어할텐 수령하다

die PIN-Nummer 핀-눔머 비밀번호
der Brief, -e 브리프 편지
warten 바르텐 기다리다
Nehmen Sie bitte Platz. 네멘 지 비테 플라츠.
  자리에 앉으세요.
Darf ich Sie fragen…? 다프 이히 지 프라겐…?
  …에 대해 물어도 될까요?
sprechen über A 슈프레헨 위버 A
  A에 대해 말하다
monatliche Zahlung 모나틀리헤 짤룽
  월별 지출
per Post 퍼 포스트 우편으로

생생 여행

• ATM 용도 확인하기

독일에서는 ATM(현금자동입출기)을 사용하기 전 반드시 기기의 용도를 확인해야 한다. 대부분 입금(Einzahlung: 아인짤룽), 출금(Auszahlung: 아우스짤룽), 잔액확인(Kontoauszug: 콘토아우스쭉), 자동이체(Überweisung: 위버바이중) 기기가 분리 되어있기 때문이다. 아래 사진처럼 기기 맨 위에는 기기의 용도가, 오른편에는 이용 가능한 은행과 수수료 정보 등이 쓰여있다. 또한 카드 투입 방향도 은행마다 조금씩 다르니 확인 후 투입해야 카드 손실을 막을 수 있다.

출금 기기
(Auszahlung)

잔고확인·계좌정보·자동이체 기기
(Bankterminal)

유용한 회화 표현

🎧 7-6.mp3

Ich möchte ein Konto eröffnen.	계좌를 개설하고 싶습니다.
Ich brauche ein Girokonto.	현금계좌가 필요합니다.
Ich brauche ein Sperrkonto.	차단계좌가 필요합니다.
Sie möchten ein neues Konto eröffnen.	새 계좌를 열려고 하시는군요.
Ich möchte gern ein paar Notizen machen.	몇 가지 메모를 하고 싶습니다.
Ich möchte diesen Betrag einzahlen.	이 금액을 입금하고 싶습니다.
Ich möchte 100 Euro abheben.	100유로를 출금하고 싶습니다.
Ich möchte 50 Euro überweisen.	50유로를 이체하고 싶습니다.
Was brauche ich für die Kontoeröffnung?	계좌를 개설하기 위해 무엇이 필요합니까?
Sie brauchen Ihren Ausweis, die Meldungsbestätigung, und den Antrag.	신분증, 거주증명서, 그리고 신청서가 필요합니다.
Sie können Ihre Karte in einer Woche bei uns abholen.	일주일 뒤에 저희 지점에서 카드를 수령하실 수 있습니다.
Sie erhalten nächste Woche die PIN-Nummer und Ihre Kontokarte per Post.	다음주에 비밀번호와 카드를 우편으로 받으실 겁니다.
Muss ich einfach auf die Briefe warten?	그냥 편지를 기다리면 되는 건가요?
Ganz genau. Sie müssen einfach warten.	맞습니다. 그냥 기다리시면 됩니다.

어휘 플러스

개설하다, 열다	**eröffnen**	에어외프넨
현금계좌	**das Girokonto**	지로콘토
차단계좌	**das Sperrkonto**	슈페어콘토
입금하다	**ein.zahlen**	아인 짤-렌
출금하다	**ab.heben**	압헤벤
이체하다	**überweisen**	위버바이젠
은행지점코드	**die Bankleitzahl**	방크라잍짜-알
계좌번호	**die Kontonummer**	콘토눔머
세금	**die Steuer**	슈토이어
이자	**der Zins, -en**	찐즈
비밀번호	**die PIN-Nummer**	핀-눔머
신용카드	**die Kreditkarte**	크레딭카르테
현금카드	**die Bankkarte**	방크카르테
ATM기	**der Bankautomat**	방크아우토맡
수표	**der Scheck, -s**	쉑

카드 혹은 비밀번호 분실 시

카드 분실시엔 곧바로 은행 고객센터에 분실 사실을 알려 카드와 비밀번호 사용을 정지시켜야 한다. 즉시 해당 카드는 사용이 금지되고 비밀번호 역시 무효화된다. 재발급은 본인이 직접 은행 창구에 가서 신청해야 하며 새 카드 수령까지 약 일주일에서 열흘의 시간이 걸린다. 계좌 비밀번호가 생각나지 않을 때 역시 직접 창구로 가서 새 비밀번호를 신청한다. 기존 비밀번호는 곧바로 삭제되며 새 비밀번호는 계좌 개설 시 등록한 주소지에서 우편으로 받아야 한다. 은행에 따라 5유로의 수수료가 청구될 수 있다.

은행 고객센터 핫라인 전화번호 (국가번호 + 49)

1. 도이체 방크 (Deutsche Bank): 069 910 10000
2. 코메르쯔 방크 (Commerzbank): 069 98 66 09 66
3. 데쩨 방크 (DZ Bank, Deutsche Zentral-Genossenschaftsbank): 069 7447 01
4. 포스트 방크 (Postbank): 0228 5500 5536
5. 슈파카쎄 (Sparkasse): 069 26410
   (지역마다 다르니 개별 확인 필요)

8
거주

부동산에 문의하기
이사할 집 둘러보기
이사 계획하기

부동산에 문의하기 sich nach Immobilien erkundigen

Makler 아들러 부동산 사무실 입니다, 안녕하세요.

Immobilienbüro Adler, guten Tag.

이모빌리엔뷔로 아들러, 구텐 탁.

Kunde 안녕하세요, 제 이름은 김은지라고 합니다. 저와 남편이 집을 구하고 있습니다.

**Guten Tag, mein Name ist Eunji Kim.
Ich und mein Mann suchen eine Wohnung.**

구텐 탁, 마인 나메 이스트 은지 킴. 이히 운트 마인 만 주흔 아이네 보눙.

Makler 집을 임차하려고 하십니까 매매하려고 하십니까?

Möchten Sie eine Wohnung mieten oder kaufen?

뫼히텐 지 아이네 보눙 미-텐 오더 카우펜?

Kunde 저희는 일단 임차할 집을 찾고 있습니다.

Wir suchen zuerst eine Mietwohnung.

비어 주흔 쭈에어스트 아이네 밑-보눙.

Makler 그렇군요. 어디서 거주하고 싶으십니까?

Aha. Wo würden Sie denn gern wohnen?

아하. 보 뷔어덴 지 덴 게언 보넨?

Kunde 시내에 살면 좋겠습니다.

Wir würden gern in der Stadt wohnen.

비어 뷔어덴 게언 인 데어 슈타트 보넨.

Makler 어떤 종류의 집을 찾으십니까?

Was für eine Wohnung suchen Sie?

바스 퓌어 아이네 보눙 주흔 지?

Kunde 방 두 개인 집이요. 시내 중심에 있는 아파트 형태의 집이면 가장 좋습니다.

**Eine Wohnung mit 2(zwei) Zimmern.
Am liebsten ein Apartment mitten im Zentrum.**

아이네 보눙 밑 쯔바이 찜머른. 암 립스텐 아인 아파트먼트 미텐 임 쩬트룸.

Makler 도시 중심에 현재 나와있는 매물이 두 개 있습니다. 언제 이사하려고 하시나요?

Es gibt aktuell zwei Angebote im Zentrum. Wann würden Sie einziehen?

에스 깁트 악투엘 쯔바이 악투엘레 앙게보테 임 쩬트룸. 반 뷔어덴 지 아인찌엔?

Kunde 8월 초요.

Anfang August.

안팡 아우구스트.

Makler 알겠습니다. 그러면 한 집을 보실 수 있겠네요.

OK. Dann können Sie eine Wohnung besichtigen.

오케이. 단 퀸넨 지 아이네 보눙 베지히티겐.

오늘 제 사무실에 들르실 수 있나요?

Können Sie heute in meinem Büro vorbeikommen?

퀸넨 지 호이테 인 마이넴 뷔로 포어바이콤멘?

Kunde 네. 오후 3시쯤 사무실로 가겠습니다. 감사합니다.

Ja. Ich komme gegen 15(fünfzehn) Uhr in Ihr Büro. Danke schön.

야. 이히 콤메 게겐 퓐프쩬 우어 인 이어 뷔로. 당케 쇤.

---

die Immobilie, -n 이모빌리에 부동산(토지, 건물)
der Makler, - 마클러 부동산 중개인
die Wohnung, -en 보눙 집(우리나라 아파트 형태)
mieten 미-텐 빌리다, 임차하다
kaufen 카우펜 구매하다
wohnen 보-넨 거주하다
die Mietwohnung, -en 믿-보-눙 임대용 아파트
das Zimmer, - 찜머 방
das Apartment, -s 아파트먼트 아파트
das Zentrum, Zentren 쩬트룸 중심, 중심가
aktuell 악투엘 현재의
das Angebot, -e 앙게보트 매물, 특가품

ein.ziehen 아인찌-엔 이사들어오다
besichtigen 베지히티겐 시찰하다, 꼼꼼히 살펴보다
vorbei.kommen 포어바이콤멘 들르다
in der Stadt wohnen 인 데어 슈타트 보-넨
 시내에 살다
was für eine Wohnung 바스 퓌어 아이네 보눙
 어떤 종류의 집(아파트 형태)
Wohnung mit 2 Zimmern 보눙 밑 쯔바이 찜머른
 방 2개 딸린 집
mitten im Zentrum 미텐 임 쩬트룸 시내 중심가에
Anfang August 안팡 아우구스트 8월 초
im büro vorbeikommen 인스 뷔로 포어바이콤멘
 사무실에 들르다

생생 여행
Tip

독일의 건축 형태

독일의 주택 형태는 건축시기나 회사에 따라 다른데, 크게 고건축(Altbau: 알트바우)과 신건축(Neubau: 노이바우)으로 나뉜다. 알트바우는 흔히 우리가 '유럽스타일' 하면 떠오르는 주택 형태로 특정 시기에 특정 건축 스타일을 선택하여 지어진 건축 형태다. 콘크리트보다 목자재를 많이 사용하고 천장이 높고 밖에서 보면 직사각 박스 형태로 테라스가 툭 튀어 나와있는 경우가 많다. 또한 대다수가 6~7층을 넘지 않는다. 독일에서는 일반적으로 1950년 이전에 지어진 건물을 알트바우라 부른다. 반대 개념인 노이바우는 그 이후에 지어진 건축물들로 통일된 스타일이 없다. 일반적으로 알트바우보다 천장이 낮고 콘크리트를 사용하여 성냥갑처럼 높고 빽빽하게 지은 건물이다. 대도시에서 흔히 볼 수 있는 아파트나 사무실을 떠올리면 된다. 1950년~1989년 사이에 구동독 지역에 대거 지어진 10~20층 사이의 아파트는 각 층마다 판을 얹은 것 같다 하여 판건축(Plattenbau: 플라텐바우)이라 부른다. 지금도 구동독 지역을 비롯하여 독일 곳곳에서 플라텐바우를 흔히 찾을 수 있다.

붉은 지붕의 알트바우 건물이 주를 이루고 있는 도시 뤼벡(Lübeck).

판건축(Plattenbau) 형태의 아파트. 구동독지역에 많다.

유용한 회화 표현

🎧 8-2.mp3

Ich suche eine Mietwohnung.	임대할 집을 찾고 있습니다.
Ich suche ein Haus zum Kaufen.	매매할 집을 찾고 있습니다.
Ich möchte ein Studio-Apartment mieten.	스튜디오형 아파트를 임대하고 싶습니다.
Was für eine Wohnung suchen Sie?	어떤 집을 찾고 계신가요?
Wie viele Zimmer brauchen Sie?	방이 몇 개 필요 하신가요?
Ich würde gern in der Stadt wohnen.	시내에 거주하려고 합니다.
Ich möchte im Zentrum wohnen.	중심가에 거주하고 싶습니다.
Ich brauche eine kleine Wohnung für mich allein.	혼자 살 작은 집이 필요합니다.
Am besten ein Apartment im Zentrum.	중심가에 있는 아파트면 가장 좋습니다.

주택	das Haus, Häuser	하우스
찾다	suchen	주흔
필요하다	brauchen	브라욱흔
방	das Zimmer, -	찜머
작은	klein	클라인
큰	groß	그로쓰
혼자인	allein	알라인
값비싼	teuer	토이어
값싼	billig	빌리히
저렴한	günstig	귄스티히
편안한, 안락한	gemütlich	게뮈트리히
따뜻한	warm	바-암
밝은	hell	헬
현대적인	modern	모데언
잘 정돈된	ordentlich	오르덴트리히
추운	kalt	칼트
어두운	dunkel	둥켈
못난, 못생긴	hässlich	헤쓰리히
멋진, 좋은	schön	쇤

주택 매물 탐색하기

독일에서 집 임대·매물광고는 '보눙스안짜이게(Wohnungsanzeige)'라 부르며 지역신문, 부동산 사무실, 인터넷에서 흔히 볼 수 있다. 보통 임대용 집은 매매보다 집세가 저렴하고 계약과정이 복잡하지 않기 때문에 복비가 필요 없는 인터넷 사이트나 신문 광고를 이용하면 돈을 절약할 수 있다. 모든 부동산이 임대 매물을 다루는 것은 아니므로, 부동산을 이용하고 싶을 땐 임대 매물을 다루는 중개업자를 따로 검색해야 한다. 전문 중개인을 이용하면 시간을 절약하고 집주인과의 마찰을 최소화 할 수 있으나 복비(Provision: 프로비지온)를 (약 2개월치 월세만큼) 지불해야 하고, 중개인이 가진 매물에서만 집을 탐색할 수 있다는 단점이 있다. 지역신문에 나온 집들은 비교적 안전하지만 신문 광고만으로는 정보가 많이 부족하므로 반드시 직접 방문해 보는 게 좋다. 인터넷 부동산 사이트는 편리하고 매물도 많은 편이다. 그러나 검증된 전문 중개인이 올리는 광고가 아니므로 광고 글쓴이와 컨택할 때 주의해야 한다. 특히 최근 몇 년간 '해외에 있어서 바로 집을 보여줄 수 없다'며 보증금 선입금을 요구하는 사기가 급증하고 있다. 독일에서는 어떤 거래에도 확인서류나 영수증 없이 돈을 요구할 수 없다. 만약 증빙서류 없이 돈을 지불했다면 그 돈은 찾을 수 없다는 점도 기억해야 한다.

집 임대·매물 인터넷 사이트

1. 이모빌리엔스카우트24 www.immobilienscout24.de
2. 이모넷 www.immonet.de
3. 이모벨트 www.immowelt.de
4. 마이네슈타트 www.meinestadt.de
5. 베게-게죽흐트 www.wg-gesucht.de (WG 검색)

베게(WG: Wohngemeinschaft): 학생들의 흔한 거주형태. 아파트를 임대하여 방을 따로 세놓거나 플랫 형태의 거주형태. 화장실과 부엌은 공용인 경우가 많다.

이사할 집 둘러보기 Wohnungsbesichtigung

Kunde 아주 기대되네요.

Ich bin ganz gespannt.
이히 빈 간쯔 게슈판트.

Makler 들어오셔도 됩니다. 여기가 거실 겸 식당입니다.

**Sie können reinkommen.
Hier ist der Wohn- und Essbereich.**
지 쾬넨 라인콤멘. 히어 이스트 데어 본– 운트 에쓰베라이히.

Kunde 아주 멋지네요. 편안한 느낌이 들어요.

Sehr schön. Ich fühle mich sehr wohl.
제어 쇤. 이히 퓔레 미히 제어 볼.

Makler 여기가 부엌입니다. 이 주방은 내장형이고 집세에 포함되어 있습니다.

Hier ist die Küche. Diese Einbauküche wird in der Wohnung bleiben und ist im Mietpreis inklusive.
히어 이스트 디 퀴헤. 디제 아인바우퀴헤 비어트 인 데어 보눙 블라이벤 운트 이스트 임 믿프라이스 인클루시베.

Kunde 냉장고에 냉동실도 있나요? 문을 열어봐도 될까요?

**Hat der Kühlschrank ein Gefrierfach?
Darf ich mal die Tür aufmachen?**
핟 데어 퀼슈랑크 아인 게프리어팍ㅎ? 다프 이히 말 디 튀어 아우프막흔?

Makler 네, 물론이죠. 열어 보셔도 됩니다. 주방의 식기세척기도 내장형 입니다.

**Ja klar. Sie dürfen.
Auch die Spülmaschine in der Küche bleibt drin.**
야 클라. 지 뒤어펜. 아욱흐 디 슈퓔마쉰네 인 데어 퀴헤 블라입트 드린.

Kunde 오, 충분하네요. 따로 살 필요가 없겠어요.

**Oh, das ist groß genug.
Ich muss keine extra kaufen.**
오, 다스 이스트 그로쓰 게눅. 이히 무쓰 카이네 엑스트라 카우펜.

Makler	이제 욕실을 보여드릴게요.

Nun zeige ich Ihnen das Bad.
눈 짜이게 이히 이-넨 다스 바트.

Kunde	여기는 샤워실과 욕조가 있네요.

Hier gibt es sowohl Dusche als auch Badewanne.
히어 깁트 에스 소볼 두쉐 알스 아욱흐 바데반네.

다른 집을 더 볼 필요가 없겠어요.

Ich muss keine andere Wohnung mehr sehen.
이히 무쓰 카이네 안데레 보눙 메어 제엔.

Makler	전 집보다 이 집을 확실히 마음에 들어하시는 것 같군요.

Ich habe schon gemerkt, dass die Wohnung Ihnen wesentlich besser gefällt als die letzte.
이히 하베 숀 게메어크트, 다스 디 보눙 이넨 베젠틀리히 베써 게펠트 알스 디 레츠테.

개인정보 수집서를 드릴 테니 편안히 작성하셔서 사무실로 들러 주세요.

Ich gebe Ihnen die Selbstauskunft. Füllen Sie sie bitte in Ruhe aus und kommen Sie dann in meinem Büro vorbei.
이히 게베 이넨 디 젤브스트아우스쿠프트.
퓔렌 지 지 비테 인 루에 아우스 운트 콤멘 지 인 마이넴 뷔로 포어바이.

---

ganz 간쯔 완전히
rein.kommen 라인콤멘 들어오다
der Wohnbereich, -e (das Wohnzimmer)
　본베라이히 (본찜머) 거실
der Essbereich, -e (das Esszimmer)
　에쓰베라이히 (에쓰찜머) 식당
sich fühlen 지히 퓔렌 느끼다, 기분이~하다
wohl 볼 편안한, 안락한
die Küche, -n 퀴헤 부엌
die Einbauküche 아인바우퀴헤 조립식 부엌
der Mietpreis, -e 밑-프라이스 임대세
inklusive 인클루시베 포함된
extra 엑스트라 추가의

raus.kommen 라우스.콤멘 밖으로 나가다
das Bad, Bäder 바트 욕실
die Dusche, -n 두쉐 샤워실
die Badewanne, -n 바데반네 욕조
wesentlich 베젠틀리히 대단히, 상당히
die Selbstauskunft, Selbstauskünfte
　젤브스트아우스쿠프트 개인정보안내서
der Kühlschrank, Kühlschränke 퀼슈랑크
　냉장고
aus.füllen 아우스퓔렌 (서식 등을) 채우다
drin bleiben 드린 블라이벤 안에 있다, 그대로 있다
in Ruhe 인 루에- 방해 받지않고

생생 여행
Tip

• 집 광고 읽기

집 광고는 많은 정보를 간단하고 인상적으로 나타 내야 하기 때문에 줄임말(Abkürzung: 압퀴어쭝)이 많이 쓰인다. 아래의 어휘를 익혀두면 원하는 집의 정보를 빠르게 파악할 수 있을 것이다.

481,65 €	2	50,7 m²
Kaltmiete	Zi.	Fläche

2 Zimmerwohnung mit Garten - Erstbezug
📍 Gartenstadtweg 10, (zur Karte)
12524 Berlin, Altglienicke(Treptow)
> Umzugskosten vergleichen

Keller Garten/ -mitbenutzung

wohnungstyp	Erdgeschosswohnung
Etage	0
Wohnfläche ca.	50,7m2
Bezugsfrei ab	01.10.2017
Bonitätsauskunft	> Online-Bonitätsauskunft anfordern
Zimmer	2

Kosten

Kaltmiete	481,65 €
	> Mit lokalem Mietspiegel vergleichen
Nebenkosten	+ 146,75 €
Heizkosten	inkl. 40,56 €
Gesamtmiete	**628,40 €**
Kaution o. Genossenschaftsanteile	Gen.-Anteile: 2,400,00 EUR

- **Kaltmiete**(칼트미테): 온수, 난방비 Heizkosten (Nebenkosten)을 뺀 금액. Kaltmiete와 Nebenkosten을 합친 금액이 전체 월세금이다.
  위 예시에서는 628,40 유로.

- **Zi.**(Zimmer, 찜머): 방의 개수를 의미한다.
  독일에서는 거실도 방으로 세기 때문에 방 개수가 1개면 원룸형태의 집이라고 생각하면 된다.

- **Fläche**(플레헤): 방의 크기를 의미한다. 제곱미터를 Quadratmeter(크바드라트메터)라 부르며 'qm'으로 표시하기도 한다. 우리나라식 평수 단위를 구하려면 qm 크기에 3.3을 나누면 된다.

- **Wohnungstyp**(보눙스팁): 집 타입.
  위 예시 광고에서는 집의 두드러진 특징인 '1층집 건물(Erdgeschosswohnung)'을 표시했다.

- **Etage**(에타줴): 집이 위치한 층. 우리나라의 1층을 독일에서는 '0층(땅층)'으로 표시한다.

- **Bezugsfrei ab**(베쭉스프라이 압): 입주가능한 날짜. ab으로 표시된 날부터 입주 가능하다.

- **Bonitätsauskunft**(보니테츠아우스쿤프트): 토지안정성. 담보나 보증 등과 관련된 사항이다.
  이용자가 따로 요구하면 볼 수 있지만 일반적으로는 비공개다.

- **Nebenkosten**(네벤코스텐): 부대비용. 보통은 난방비와 온수비를 말하며 간혹 전기세나 인터넷 비용이 포함된 경우도 있으니 집주인에게 물어 봐야한다.

- **Heizkosten**(하이쯔코스텐): 난방비와 온수비를 말한다.
  *Nebenkosten과 Heizkosten은 고정금이 아니기 때문에 추가비용이 발생할 수 있다.
  이를 Nachzahlung(낙흐짤룽)이라 부르며 보통 거주 후 6개월~1년 사이에 한꺼번에 나오지만, 집주인이 매달 통보하여 사용량을 조절하는 경우도 있다.

- **Gesamtmiete**(게잠트미테): 실질적으로 매달 내야하는 총 월세다.

- **Kaution o. (oder) Genossenschaftsanteile** (카우찌온, 게노쎈샤프츠안타일레):
  보증금. 보통 2~3달치 월세를 받는다. 회사소속 임대주택일 경우 회사에서 책정한 일정 보증금을 지불 해야 한다. 보증금은 이사 나갈 때 방이 문제 없는 것을 확인 후 돌려주며 최대 3개월까지 걸릴 수 있다.

유용한 회화 표현

🎧 8-4.mp3

Ich habe ein Wohnungsangebot gesehen.	집 광고를 보았습니다.
Ich möchte die Wohnung besichtigen.	집을 직접 살펴보고 싶습니다.
Sie können die Wohnung gerne sehen.	물론 집을 직접 보실 수 있습니다.
Sie haben einen Termin um 11 Uhr, richtig?	11시에 예약 하셨죠, 맞나요?
Die Wohnung ist schon frei.	집은 이미 비어 있습니다.
Kommen Sie (in die Wohnung) rein.	(집 안으로) 들어오세요.
Ich bin gespannt.	기대되네요.
Ich fühle mich wohl.	편안한 느낌이네요.
Das Bad ist recht modern.	욕실이 정말 세련됐네요.
Kann ich die Wand selbst streichen?	벽 페인트를 직접 다시 칠해도 될까요?
Dieser Tisch gehört dem Vormieter.	책상은 현재 집주인(임대인) 물품입니다.
Also bleiben der Kühlschrank, die Spülmaschine und die Küche drin.	냉장고, 식기세척기, 주방은 빌트인입니다.

어휘 플러스

시찰, 직접 살펴보는 것	die Besichtigung, -en 베지히티궁
집 광고	das Wohnungsangebot, -e 보눙스앙게보트
(한국식) 1층, 땅층	das Erdgeschoss, -e 에어트게쇼쓰
꼭대기층	das Dachgeschoss, -e 닥흐게쇼쓰
발코니	der Balkon, -s 발콩-
땅층의	parterre 파테레
밝은	hell 헬
어두운	dunkel 둥켈
현대적인, 세련된	modern 모데언
조광	das Tageslicht 타게스리히트
작은	klein 클라인
큰	groß 그로쓰
안락한	gemütlich 게뮈틀리히
편안한, 안락한	wohl 볼
못생긴	hässlich 헤쓸리히
(집안으로 들어가는) 현관문	die Wohnungstür, -en 보눙스튀어
(건물로 들어가는) 현관문	die Haustür, -en 하우스튀어
거실	das Wohnzimmer, - 본-찜머
침실	das Schlafzimmer, - 슐라프찜머
자녀방	das Kinderzimmer, - 킨더찜머
손님방	das Gästezimmer, - 게스테찜머
부엌	die Küche, -n 퀴헤
욕실	das Bad, Bäder 바트
정원	der Garten, Gärten 가르텐

집 구할 때 체크리스트

마음에 드는 집 매물을 찾고 방문일까지 예약했다면, 현장에 가서 어떤 점들을 집중적으로 체크해야 하는지 미리 계획을 세우는 것이 좋다. 주택시장이 포화상태인 대도시(함부르크, 베를린, 프랑크푸르트, 뮌헨 등)의 경우 같은 예약시간에 수 십 명의 지원자가 몰릴 수도 있기 때문이다.

1. 집 보러 가기 전 준비해야 할 서류

- **Selbstauskunft**(젤브스트아우스쿤프트): 실제로 집을 임대할 사람의 개인정보를 말한다. 최대한 조건에 맞는 세입자를 찾는 검토과정에 쓰인다. 인터넷에서 기본 서식을 다운받을 수 있다. 방문 전 집주인이 미리 서식을 주는 경우도 있으니 문의하는 게 좋다.

- **Kopie des Ausweises**(아우스바이스): 신분증 복사본.

- **Einkommensbestätigung**(아인콤멘스베슈테티궁): 수입증명서. 월세를 낼 능력이 충분한지 판단하는 기준이다. 정해진 객관적인 기준은 없으며 집주인의 판단에 따라 달리지는 경우가 많다. 지난 3~6개월 사이의 증명서를 가져가면 된다. 만약 첫 직장에 다닌다면 회사계약서를 복사해 가면 된다.

- **Mietzahlungsbestätigung**(믿-짤룽스베슈테티궁): 이전에 살았던 집의 월세 납입증명서다. 미루지 않고 규칙적으로 냈다는 것을 증명하는 게 중요하다. 온라인 사이트에서 신청하거나 직접 계좌 입출금 내역서를 가져가면 된다.

위 서류들은 보통 집 계약이 확정된 후 제출해야 하지만 경쟁자가 많은 매물은 방문 직후에 내야 하는 경우도 있으므로 좋은 집을 놓치지 않으려면 가지고 가는 것이 좋다.

2. 집 체크에 필요한 어휘

- Boden: Parkett / Laminat / Spannteppich
  바닥재: 원목 / 라미네이트 / 바닥용 카펫

- Steckdosen (funktioniert alles?)
  콘센트 (모두 작동하는가?)

- Wasser (Fließen Warm- und Kaltwasser problemlos?)
  물 (온수와 냉수가 잘 나오는가?)

- Dämmung (Hat der Vermieter Energieausweis?)
  단열 (집주인이 에너지 등급 확인서가 있나?)

- Heizen (Gas / Öl / Zentralheizung)
  난방 (가스 / 기름 / 중앙난방)

- Heizung (Funktioniert sie von Stufe 1 bis 5?)
  난방기기 (1~5단계 모두 잘 작동하는가?)

- Fenster (Gehen sie ohne Probleme auf und zu? Wie alt?)
  창문 (개폐에 문제가 없는가? 얼마나 오래됐나?)

- Gegend(Straße, Treppe im Haus etc.)
  Sauber? Ruhig? Anbindung an öffentliche Verkehrsmittel?
  주변환경(길, 건물 내 계단 등)
  깨끗한가? 조용한가? 교통 연결편?

- Abstellraum (Auf der Etage / im Keller)
  창고의 위치 (같은층 / 지하)

- Mitmioter (Wer wohnt im Haus?)
  이웃 (같은 건물에 누가 사는가?)

- Kaution (Wird eine Quittung ausgestellt?)
  보증금 (납입 영수증을 주는가?)

위 사항 중 한 가지라도 제대로 작동하지 않거나, 고장이 났다면 반드시 집 계약 전 집주인과 미리 상의를 해야 한다. 운이 나쁠 경우 집의 하자가 세입자 책임이 되어 원치 않는 보상을 해야 할 수도 있기 때문이다.

이사 계획하기 — Umzug organisieren

Kunde 안녕하세요. 이사계획을 구체적으로 세우고 싶은데 도움이 필요합니다.

Guten Tag. Ich möchte meinen Umzug planen und brauche Ihre Hilfe.

구텐 탁. 이히 뫼히테 마이넨 움쭉 플라넨 운트 브라욱헤 이-레 힐페.

Büro 물론입니다. 이사날짜가 언제 입니까?

Natürlich. Wann ist Ihr Umzugsdatum?

나튀얼리히. 반 이스트 이어 움쭉스다툼?

Kunde 5월 15일 입니다.

Am 15.(fünfzehnten) Mai.

암 퓐프첸텐 마이.

Büro 예전 주소와 새 주소가 어떻게 되나요?

Wie ist Ihre alte und Ihre neue Adresse?

비 이스트 이-레 알테 운트 이-레 노이에 아드레쎄?

Kunde 이전 주소는 파울거리 25번지 프랑크푸르트 암 마인이고, 새 주소는 필립거리 66번지 드레스덴 입니다.

Die alte Adresse ist Paulstr.25, Frankfurt am Main und die neue Adresse ist Philippstr.66, Dresden.

디 알테 아드레쎄 이스트 파울슈트라쎄 퓐프운트쯔반치히 프랑크푸르트 암 마인 운트 디 노이에 아드레쎄 이스트 필립슈트라쎄 젝스운트제히치히 드레스덴.

Büro 이사 박스와 가구가 몇 개입니까?

Wie viele Kartons und Möbelstücke haben Sie?

비 필레 카통스 운 뫼벨슈튀케 하벤 지?

Kunde 박스는 6개 입니다. 가구는 책상 하나, 침대 하나 그리고 서랍장 두 개가 있습니다.

6(sechs) Umzugskartons. Möbel habe ich einen Tisch, ein Bett und zwei Kommoden.

젝스 움쭉스카통스. 뫼벨 하베 이히 아이넨 티쉬. 아인 벹 운 쯔바이 코모덴.

Büro 중간 사이즈의 트럭이 맞을 것 같습니다.

Ein Transporter in Mittelgröße müsste reichen.

아인 트란스포터 인 미텔그뢰쎄 뮈스테 라이헨.

대여비와 운송비는 400유로 입니다. 포장하고 풀어드리는 건 합해서 300유로 입니다.

Die Miet- und Fahrpreise betragen 400(vierhundert) Euro. Das Ein- und Auspacken kostet 300(dreihundert) Euro pauschal.

디 밑- 운트 파-프라이제 베트라겐 퓌어훈데르트 오이로.
다스 아인- 운트 아우스파켄 코스텟 드라이훈데르트 오이로 파우샬.

보험과 인건비는 300유로입니다. 총 이사비용은 1000유로입니다.

Die Versicherung und unsere Hilfskräfte kosten 300(dreihundert) Euro. Also beträgt der komplette Umzugspreis 1,000(tausend) Euro.

디 페어지혀룽 운트 운저레 힐프스크레프테 코스텐 드라이훈데르트 오이로.
알조 베트렉트 데어 콤플레테 움쭉스프라이스 타우젠트 오이로.

Kunde 아주 좋습니다. 비용 견적서를 우편으로 보내주실 수 있나요?

Sehr gut. Können Sie mir den Kostenvoranschlag per Post schicken?

제어 굿. 쾬넨 지 미어 덴 코스텐포어안슐락 퍼 포스트 쉬켄?

Büro 물론이죠. 감사합니다. 안녕히 계세요.

Natürlich. Danke schön. Auf Wiederhören.

나튀얼리히. 당케 쇤. 아우프 비더회-렌.

---

der Umzug, Umzüge 움쭉 이사
konkret 콘크레트 구체적인
betragen 베트라겐 값이 ~만큼 나가다
planen 플라넨 계획하다
kalkulieren 칼쿨리어렌 계산하다
der Karton, -s 카통 박스
das Möbel, - 뫼벨 가구
der Tisch, -e 티쉬 책상
das Bett, -en 벨 침대

die Kommode, -n 코모데 서랍장
die Mittelgröße 미텔그뢰쎄 중간크기
der Fahrpreis, -e 파-프라이스 교통비, 운송비
das Einpacken 아인파켄 포장하기
das Auspacken 아우스파켄 포장풀기
der Voranschlag, Voranschläge
  포어안슐락 견적, 예상비용
Auf Wiederhören 아우프 비더회-렌
  안녕히 계세요(전화상)

생생 여행 Tip

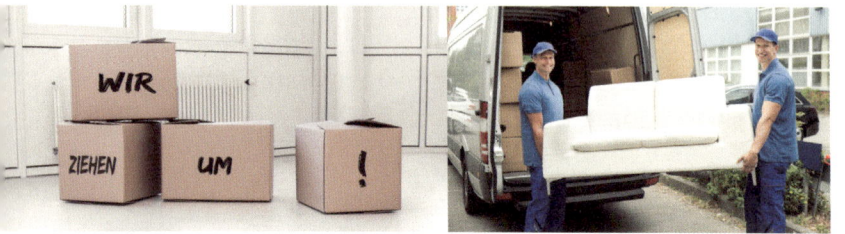

• 이사하기

전문 이사업체를 이용하면 편리하지만 비용부담이 크다. 따라서 보통 짐이 많지 않고 가까운 곳으로 이사하는 학생이나 가족의 경우 개인적으로 이사를 하면 비용을 상당히 절감할 수 있다. 이 경우 이사 과정은 크게 포장과 이동으로 나눠지며, 이동 방법과 차종에 따라 운전자 고용비, 보험비, 연료비가 달라진다. 귀중품이 많다면 포장 부분에도 신경을 써서 이사용품 전문업체나 건축전문마트(Baumarkt: 바우마크트)에서 판매하는 포장재를 사용하는 게 좋다. 대형 트럭(Transporter: 트란스포터)은 과적할 짐의 양에 따라 차종을 고르면 되는데, 일반적으로 1인 10평 원룸 기준에 큰 가구가 없다면 2,5톤 이하의 트럭으로 충분하다. 트럭 운전자가 직접 예약을 하는 게 원칙으로, 운전자는 만 21세 이상의 독일 혹은 국제면허증 소지자여야 한다. 독일은 자동화기어(오토매틱)가 아직 일반적이지 않으므로 수동기어 면허 소지자가 빌릴 수 있는 차종이 더 많다.

* 대형트럭 대여업체 검색
  www.billiger-mietwagen.de (가격비교)
  www.mietwagen-check.de (가격비교)

유용한 회화 표현

🎧 8-6.mp3

Haben Sie unsere Webseite schon besucht?	저희 웹사이트 방문 해보셨나요?
Da kann man seinen Umzug planen und die Preise kalkulieren lassen.	거기에서 이사계획이나 가격을 계산하실 수 있습니다.
Mein PC ist leider kaputt.	제 컴퓨터가 고장이 나서요.
Können Sie mich telefonisch beraten?	전화로 알려주실 수 있나요?
Sie ziehen von Frankfurt nach Dresden.	프랑크푸르트에서 드레스덴으로 이사하시는군요.
Ist es ein Privatumzug oder ein Büroumzug?	개인 이사인가요 사무실 이전인가요?
Wann wollen Sie umziehen?	언제 이사하실 건가요?
Haben Sie große Möbel?	큰 가구가 있으세요?
Wie viele Kartons haben Sie?	박스는 몇 개인가요?
Möchten Sie Hilfskräfte organisieren?	도움 인력이 필요하시가요?
Sie können die Umzugskartons anliefern lassen.	이사 박스를 배송 시킬 수 있습니다.
Was kostet der Umzug pauschal?	전체 이사비용은 얼마인가요?
Haben Sie einen Möbelmontage-Service?	가구 조립 서비스가 있나요?
Ich brauche fünf Hilfskräfte(Helfer).	다섯 명의 도움 인력이 필요합니다.

어휘 플러스

도움인력	die Hilfskraft, Hilfskräfte 힐프스크라프트
개인이사	der Privatumzug, Privatumzüge 프리밭움쭉
사무실이전	der Büroumzug, Büroumzüge 뷔로움쭉
이사날짜	der Umzugstermin, -e 움쭉스텔민
조립	die Montage, -n 몬타줴
전기공급자(사)	der Stromanbieter, - 슈트롬안비-터
이사차량	der Umzugswagen, - 움쭉스바겐
이사날	der Umzugstag, -e 움쭉스탁
들다, 나르다	tragen 트라겐
배달하다	an.liefern 안리퍼른
해약하다, 해지하다	kündigen 퀸디겐
신청하다	beantragen 베안트라겐
명의·주소 변경하다	um.melden 움멜덴

집 계약서 작성하기

집도 마음에 들고, 필요한 서류도 모두 제출 했고, 집주인과도 이야기가 잘 되었다면 이제 계약서를 작성하고 사인 할 일만 남았다. 독일의 집 계약서는 임대 형태에 따라 크게 네 가지로 나뉜다.

- 임대계약서(Mietvertrag: 믿-페어트락)
- 재임대 계약서(Untermietvertrag: 운터믿-페어트락)
- 창고와 주차장 계약서(Mietvertrag Keller und Garage: 믿-페어트락 켈러 운트 가라줴)
- 제한적 임대계약서(Mietvertrag mit Mindestdauer: 믿-페어트락 믿 민데스트다우어)

'재임대'란 제1세입자가 집을 비우는 일정 기간동안 다른 사람에게 세를 주는 것이다. 보통 3개월 이상일 경우 집주인에게 알려야 하며, 대학 기숙사의 경우 금지된 곳이 많으니 함부로 하지 않는 것이 좋다. 모든 계약서에는 집 공급자(Vermieter: 페어미터)와 집 주소, 크기, 월세, 월세 납부 날짜와 계좌정보가 명확히 명시되어 있어야 하며 제한적 임대계약서의 경우 임대 가능한 시기까지 표기해야 한다. 일반 임대계약서라도 최단 의무거주기간(Mindestwohnfrist: 민데스트본프리스트)이 있을 수 있다. 계약서는 보통 2장~5장 분량인데, 최종 사인을 하는 즉시 모든 사항에 효력이 발생하기 때문에 최종 계약일을 미루더라도 모든 내용을 꼼꼼히 읽어봐야 한다.

9
이웃관계

이웃 방문하기
갈등 해결하기
수리 요청하기

이웃 방문하기 Besuch beim Nachbarn

Schmidt: 안녕하세요, 헤읍스트 씨. 어서오세요!

Hallo, Frau Herbst. Willkommen!
할로, 프라우 헤읍스트. 빌콤멘!

Herbst: 안녕하세요, 슈미트 씨. 초대해 주셔서 감사합니다.

Hallo, Herr Schmidt. Danke für Ihre Einladung.
할로. 헤어 슈미트. 당케 퓌어 이-레 아인라둥.

Schmidt: 와주시니 좋네요. 여기에 옷걸이가 있습니다.

Schön, dass Sie gekommen sind. Hier ist die Garderobe.
쇤, 다스 지 게콤멘 진트. 히어 이스트 디 가르로베.

Herbst: 고맙습니다. 여기에 제 코트를 걸어야겠네요.

Danke. Ich hänge dann mal meinen Mantel auf.
당케. 이히 헹에 단 말 마이넨 만텔 아우프.

Schmidt: 앉으세요. 와인 한 잔 드시겠어요?

Bitte nehmen Sie Platz. Möchten Sie ein Glas Wein?
비테 네멘 지 플라츠. 뫼히텐 지 아인 글라스 바인?

Herbst: 고맙습니다, 하지만 저는 술을 안 마십니다. 주스 한 잔 주실 수 있으세요?

Danke, aber ich trinke keinen Alkohol. Können Sie mir einen Saft geben?
당케. 아버 이히 트링케 카이넨 알코-홀. 쾬넨 지 미어 아이넨 자프트 게벤?

Schmidt: 스파게티와 감자샐러드를 만들었습니다. 많이 드세요.

Wir haben Spaghetti und Kartoffelsalat gemacht. Bedienen Sie sich doch.
비어 하벤 슈파게티 운트 카토펠잘라트 게막흐트. 베디넨 지 지히 독흐.

Herbst	정말 고맙습니다. 저는 칠면조 스테이크를 가져왔습니다.
	Vielen Dank. Ich habe ein Putensteak mitgebracht.
	필렌 당크. 이히 하베 아인 푸텐슈테잌 밋게브락흐트.
Schmidt	오, 아주 멋지네요! 고맙습니다!
	Oh, prima! Vielen Dank!
	오. 프리마! 필렌 당크!
Herbst	아닙니다, 많이 드세요! 스파게티도 아주 맛있습니다. 제게 레시피를 주시겠어요?
	Gerne, bedienen Sie sich! Die Spaghetti sind wunderbar. Würden Sie mir das Rezept geben?
	게어네. 베디넨 지 지히! 디 슈파게티 진트 분더바. 뷔어덴 지 미어 다스 레쩹트 게벤?
Schmidt	물론입니다!
	Selbstverständlich!
	젤브스트페어슈텐들리히!

- die Einladung, -en 아인라둥 초대
- die Garderobe, -n 가더로베 옷걸이
- auf.hängen 아우프헹엔 (옷 등을) 걸쳐놓다
- der Mantel, Mäntel 만텔 코트
- das Glas, Gläser 글라-스 유리잔
- der Alkohol 알코-홀 주류
- der Saft, Säfte 자프트 주스, 과즙
- die Spaghetti 슈파게티(복수) 스파게티
- der Kartoffelsalat, -e 카토펠잘라트 감자샐러드
- bedienen 베디-넨 제공하다, 먹기위해 가져오다
- das Steak, -s 슈테이크 스테이크
- Prima! 프리마! 훌륭해요!
- Wunderbar! 분더바! 멋지네요!
- die Vorbereitung, -en 포어베라이퉁 준비
- das Rezept, -e 레쩹트 요리 레시피
- selbstverständlich 젤브스트페어슈텐들리히 물론이죠

생생 여행
Tip

• 이웃과의 교류

독일은 우리나라처럼 새 집에 이사를 오면 떡이나 선물을 돌리는 문화는 없지만, 이웃을 생일 파티나 바비큐 파티에 초대하는 일은 매우 일반적이다. 이는 많은 독일인들이 작은 소도시나 마을 위주로 생활권을 형성하고 유지해 왔기 때문이다. 물론 최근에 점점 아파트 형태의 거주 문화가 자리잡으면서 이러한 교류가 줄어들고 있는 추세이다. 하지만 많은 독일인들은 아파트처럼 분리된 공간에 살아도 이웃과 원만한 관계를 유지하길 원하며 관심사나 나이대가 비슷할 경우 친구가 되기도 한다. 특히 외출 시 택배가 오거나 휴가를 갈 경우 이웃에게 신세를 져야하는 경우가 생기기 때문에, 평소 밝게 인사하고 안부를 물어 나의 옆집에 누가 사는지 알아 두면 좋다.

유용한 회화 표현

🎧 9-2.mp3

Herzlich Willkommen!	진심으로 환영합니다!
Kommen Sie rein.	안으로 들어오세요.
Bedienen Sie sich.	많이 드세요.
Ich bin schon satt.	벌써 배가 부르네요.
Es ist köstlich.	맛이 훌륭하네요.
Was soll ich zum Essen mitbringen?	먹을 것 무엇을 가져갈까요?
Soll ich eine Flasche Wein mitbringen?	와인 한 병을 가져갈까요?
Danke für Ihre Einladung.	초대해 주셔서 감사합니다.
Ich muss Ihre Einladung leider absagen.	유감이지만 초대를 거절해야겠습니다.
Ich kann leider nicht zum Fest kommen.	유감이지만 축제에 갈 수 없습니다.

어휘 플러스

맥주	**das Bier**	비어
물	**das Wasser**	바써
와인	**der Wein**	바인
병	**die Flasche, -n**	플라쉐
소금	**der Salz**	잘쯔
후추	**der Pfeffer**	페퍼
맛이나다	**schmecken**	슈메켄
맛있다	**schmeckt gut**	슈멕트 굳
맛있는	**lecker**	레커
맛이 훌륭한	**köstlich**	쾨스틀리히
국수류	**die Nudeln**	누델른
밥류	**der Reis**	라이스
많은	**viel**	필-
적은	**wenig**	베니히
배부른	**satt**	잩

무언의 약속, 하우스오드눙

'Hausordnung(하우스오드눙)'이란 각 건물의 입주자 혹은 사용자들이 지켜야 할 규칙을 말한다. 주택은 집 계약서에 명시되어 있거나 따로 하우스오드눙 핸드북을 주기도 한다. 사무실이나 병원은 실내 곳곳에 중요한 규칙을 표시한다. 규칙 리스트에 반드시 들어가야 할 의무조항은 없으나 빠지지 않는 공통 조항에는 비상시 안전규칙, 위생규칙, 소음규칙, 수리절차 등이 있다. 하우스오드눙의 기본 목적이 안전하고 편안한 공동생활에 있기 때문에 이 중에서도 공동생활에 가장 쉽게 피해를 줄 수 있는 '소음규칙'은 대부분 상세히 명시되어 있다. 일반적으로 오전 8시~오후 1시, 오후 3시~오후 7시는 소음을 허용하는 시간이다. 음악을 듣거나, 가구를 조립하거나, 공구를 사용하는 일 등이 가능하며 방해가 되더라도 불만을 제기할 수 없다. 명시된 시간 외 오전시간과 점심시간, 그리고 주말시간은 'Ruhezeit(루에짜이트: 휴식시간)'라 부르며 이 때에 이웃에서 큰 소음을 내면 불만을 제기하거나 경찰에 신고할 수 있다. 원만한 공동생활을 위해서는 미리 하우스오드눙을 꼼꼼히 체크하여 서로 배려하고 이해하는 태도가 필요하다.

갈등 해결하기 Konfliktsituation

Müller

안녕하세요, 그라버 씨.

Guten Tag, Frau Graber.
구텐 탁, 프라우 그라버.

Graber

안녕하세요, 뮐러 씨.

Guten Tag, Herr Müller.
구텐 탁, 헤어 뮐러.

Müller

미안한데, 음악 소리를 조금 줄여줄 수 있나요?

Entschuldigung, können Sie bitte die Musik ein bisschen leiser machen?
엔출디궁, 퀸넨 지 비테 디 무직 아인 비스헨 라이저 막흔?

Graber

소리가 너무 큰가요? 제 여동생이 오늘 생일이어서 파티를 하고 있어요.

Ist es zu laut? Meine Schwester hat heute Geburtstag, deswegen machen wir eine Party.
이스트 에스 쭈 라우트? 마이네 슈베스터 핫 호이테 게부어츠탁, 데스베겐 막흔 비어 아이네 파티.

Müller

제가 아픈데 음악 소리가 너무 크네요. 푹 쉴 수가 없어요.

Ich bin krank und die Musik ist zu laut. Ich kann mich nicht ausruhen.
이히 빈 크랑크 운트 디 무직 이스트 쭈 라우트. 이히 칸 미히 니히트 아우스루-엔.

Graber

유감입니다(미안합니다).

Das tut mir Leid.
다스 투트 미어 라이트.

Müller	압니다, 생일은 일년에 단 한 번뿐이죠. 혹시 정원이나 공원으로 갈 수 있나요? **Ich weiß, Geburtstag ist nur einmal im Jahr. Können Sie vielleicht in den Garten oder Park gehen?** 이히 바이쓰, 게부어츠탁 이스트 누어 아인말 임 야-. 쾬넨 지 필라이히트 인 덴 가르텐 오더 파크- 게엔?
Graber	음, 안 될 것 같습니다. 날씨를 보세요, 곧 비가 올 겁니다. 음악 소리는 조금 줄일게요. **Hm, das können wir leider nicht. Schauen Sie sich das Wetter an, es regnet gleich. Aber die Musik mache ich etwas leiser.** 음, 다스 쾬넨 비어 라이더 니히트. 샤우엔 지 지히 다스 베터 안, 에스 레그넽 글라이히. 아버 디 무직 막헤 이히 에트바스 라이저.
Müller	정말 감사합니다. **Vielen Dank.** 필-렌 당크.
Graber	쾌차하세요, 뮐러 씨. **Gute Besserung, Herr Müller.** 구테 베써룽, 헤어 뮐러.

Entschuldigung 엔출디궁 실례합니다, 미안합니다
die Musik 무직 음악
ein bisschen 아인 비스헨 약간, 조금
leise (leiser) 라이제(라이저) 조용한(더 조용한)
laut (lauter) 라우트(라우터) 큰(더 큰)
die Schwester, - 슈베스터 여동생, 언니
der Geburtstag, -e 게부어츠탁 생일
deswegen 데스베겐 그러한 이유로, 그리하여
sich aus.ruhen 아우스루-엔 푹 쉬다

Das tut mir Leid 다스 투트 미어 라이트 유감입니다, 미안합니다
im Jahr 임 야- 일 년에, 한 해에
der Garten, Gärten 가르텐 정원
der Park, -s 파크 공원
regnen 레그넨 비오다
gleich 글라이히 곧
etwas 에트바스 조금
Gute Besserung! 구테 베써룽! 쾌차하세요!

생생 여행
Tip

• 하우스마이스터

독일어의 '마이스터(Meister)'는 어떤 분야에 정통한 사람을 의미하므로, '하우스마이스터(Hausmeister)'는 집과 건물을 속속들이 아는 사람을 뜻할 것이다. 오스트리아와 스위스에서는 좀 더 직관적인 명칭인 '하우스바르트(Hauswart: 건물책임자)'란 명칭을 사용한다. 보통 건물마다 1~2명의 전담 하우스마이스터가 있으며, 건물에 대한 행정적인 사항을 비롯하여 수리와 안전을 모두 책임지고 있다. 집주인이 직접 못 올 경우 임시 세입자들에게 집을 대신 보여주기도 한다. 규모가 큰 아파트는 하우스마이스터가 직접 건물에 거주하거나 근무시간 내내 관리실에 상주하며 주민들의 불편을 해결한다. 수도나 난방시설처럼 가벼운 고장의 경우 직접 해결할 수 있지만 전기처럼 전문가가 필요하면 중간 대리인 역할을 해준다. 드문 경우지만, 알트바우(Altbau)처럼 세입자 수가 적은 주택은 일반 세입자 중 건물에 오래 거주한 사람을 '준 하우스마이스터'로 지정하여 주민들의 급한 문제를 해결하기도 한다.

유용한 회화 표현

🎧 9-4.mp3

Ich bin Ihr Nachbar.	저는 당신의 이웃입니다.
Ich bin neu im Hause.	저는 이 건물에 새로 온 사람입니다.
Die Musik ist zu laut.	음악 소리가 너무 큽니다.
Der Fernseher ist zu laut.	텔레비전 소리가 너무 큽니다.
Können Sie den Fernseher leiser machen?	텔레비전 소리를 줄여줄 수 있나요?
Machen Sie eine Party?	파티를 하시나요?
Haben Sie Besuch?	손님이 왔나요?
Ich kann mich nicht ausruhen.	편히 쉴 수가 없습니다.
Mein Baby kann nicht schlafen.	아기가 잠을 잘 수 없습니다.
Ich und mein Mann können nicht schlafen.	저와 남편이 잠을 잘 수 없습니다.
Wie ist die Telefonnummer von der Hausverwaltung?	건물 관리사무소의 전화번호가 어떻게 됩니까?
Wie ist der Name des Hausmeisters und wie kann ich ihn erreichen?	하우스마이스터의 이름이 무엇이고 어떻게 그와 연락할 수 있습니까?

어휘 플러스

이웃	der Nachbar, -n 낙흐바
소음	der Lärm 레암
발걸음, 발소리	der Schritt, -e 슈리트
텔레비전	der Fernseher, - 페언제-어
컴퓨터	der Computer, - 콤퓨터
라디오	das Radio, -s 라디오
스피커	der Lautsprecher, - 라우트슈프레허
대화	das Gespräch, -e 게슈프레히
목소리	die Stimme, -n 슈팀메
방문	der Besuch, -e 베죽흐
아이	das Kind, Kinder 킨트
아기	das Baby, -s 베이비
건물관리사무소	die Hausverwaltung, -en 하우스페어발퉁
건물관리책임자	der Hausmeister, - 하우스마이스터
임대건물	das Miethaus, Miethäuser 밑-하우스
사무실건물(매물)	das Gewerbeobjekt, -en 게베어베오브옉트
관리의, 행정의	administrativ 아드미니스트라티브
계약(서)	der Vertrag, Verträge 페어트락
공급(물, 전기 등)	die Versorgung, -en 페어조르궁

아침식사 배달 서비스

70세 이상 노인 거주비율이 높은 아파트의 경우 주민관리 차원에서 아침식사 배달 서비스를 운영하고 있는 곳이 많다. 빵이 주식인 나라답게 식사류는 주로 빵이며 종류와 원하는 요일, 시간을 고르면 집 현관문 고리에 걸어 두거나 관리실에 맡겨둔다. 경우에 따라 요거트나 잼도 함께 주문할 수 있다. 소속 회사가 없는 개인 수택이리도 빵 배달 서비스를 제공하는 업체가 많으니 온라인에서 'Brot Lieferung' 혹은 'Frühstück Lieferservice'를 검색하면 된다. 정기 배달을 신청하기 전 무료 샘플주문(Probelieferung: 프로베리퍼룽)을 이용해 보는 게 좋다.

수리 요청하기 Reparatur melden

Hausmeister 안녕하세요, 김 씨. 어떻게 도와드릴까요?

Hallo, Frau Kim. Wie kann ich Ihnen helfen?

할로, 프라우 킴. 비 칸 이히 이-넨 헬펜?

Kim 안녕하세요, 볼 씨. 제 샤워실에 문제가 있어요.

**Guten Morgen, Herr Boll.
Es gibt ein Problem mit meiner Dusche.**

구텐 모르겐, 헤어 볼. 에스 깁트 아인 프로블렘 밋 마이너 두쉐.

Hausmeister 어떤 문제를 말하시는 거죠?

Welches Problem meinen Sie?

벨혜스 프로블렘 마이넨 지?

Kim 샤워기의 수압이 너무 약해요.

Der Wasserdruck des Duschkopfes ist sehr schwach.

데어 바써드룩 데스 두쉬콥페스 이스트 제어 슈박흐.

Hausmeister 샤워 꼭지를 살펴보겠습니다.
제 생각에, 샤워 꼭지 안에 석회가 너무 많이 낀 것 같군요.

**Ich schaue mir den Duschkopf an.
Ich vermute, dass sich zu viel Kalk im Duschkopf abgesetzt hat.**

이히 샤우에 미어 덴 두쉬콥프 안. 이히 페어무테, 다쓰 지히 쭈 필 칼크 임 두쉬콥프 압게제쯔트 핫.

Kim 그럼 어떻게 석회를 제거하면 되죠?

Wie kann ich ihn entkalken?

비 칸 이히 인 엔트칼큰?

Hausmeister	물 100밀리미터에 식초를 다섯 방울 풀고, 샤워 꼭지를 그 물에 30분간 담궈두세요.

Lösen Sie 5 Tropfen Essig in 100 ml Wasser, und legen Sie den Duschkopf 30 Minuten lang ins Wasser.

뢰젠 지 퓐프 트롭펜 에씨히 임 훈데르트 밀리리터 바써.
운트 레겐 지 덴 두쉬콥프 드라이찌히 미누텐 랑 인스 바써.

Kim	알겠습니다. 그렇게 해볼게요. 고맙습니다, 볼 씨!

OK. Ich probiere es mal. Danke, Herr Boll!

오케이. 이히 프로비어레 에스 말. 당케, 헤어 볼!

Hausmeister	천만에요.

Gern geschehen.

게언 게쉐엔.

---

die Dusche, -n 두쉐 샤워실
das Problem, -e 프로블렘 문제
meinen 마이넨 의미하다
der Wasserdruck 바써드룩 수압
der Duschkopf, Duschköpfe 두쉬콥프 샤워 꼭지
an.schauen 안샤우엔 살펴보다
vermuten 페어무텐 추측하다

der Kalk 칼크 석회질
sich ab.setzen 압제쩬 가라앉다
entkalken 엔트칼큰 석회를 제거하다
der Tropfen, - 트롭펜 방울
auf.lösen 아우프뢰젠 (물에) 희석시키다, 타다
30 Minuten lang 드라이찌히 미누텐 랑 30분 동안
probieren 프로비어렌 시도해보다, 해보다

생생 여행 Tip

● 자전거 자유투어

독일인들은 어릴 때부터 자전거 타기를 생활화 하기 때문에, 어느 장소를 가도 자전거 탑승자를 배려하는 공간과 규칙을 찾아볼 수 있다. 자전거를 마련하는 방법도 매우 다양하고 중고시장도 독일 전역에 형성 되어있다. 이동이 잦고 체류기간이 짧은 여행자나 통근자들을 위해서 Deutsche Bahn(DB: 독일 국영 철도회사)에서는 큰 도시(베를린, 프랑크푸르트암마인, 쾰른, 뮌헨, 슈투트가르트)는 물론이고 30개 이상 도시에서 'Call a Bike' 시스템을 운영하고 있다. 중앙역 부근에서 붉은색 DB 마크가 찍힌 자전거를 찾으면 된다. 온라인으로 간단한 등록을 마친 후 자전거를 빌릴 수 있으며, 일반요금 기준 대여비는 3유로, 탑승시간에 따라 30분 당 1유로, 24시간에 15유로다. 한 사람당 자전거 두 대까지 대여할 수 있다. 반납시간 초과시 1분당 12센트의 추가요금이 발생한다. BahnCard(반카드: DB에서 발행하는 기차요금 할인카드) 소지자, 독일대학 등록자, 65세 이상 노인은 할인요금이 적용된다. 함부르크, 뤼네부르크(Lüneburg), 슈투트가르트는 최초 30분 요금(1유로)이 무료다.

* Call a Bike 이용: www.callabike.de 혹은 애플리케이션 Call a Bike 다운로드

유용한 회화 표현

🎧 9-6.mp3

Aus dem Wasserhahn kommt kein Wasser.	수도꼭지에서 물이 안 나와요.
Der Wasserdruck ist zu schwach.	수압이 너무 약해요.
Die Tapete ist nass.	벽지가 젖었어요.
Die Fliesen im Bad sind kauptt.	욕실 타일이 깨졌어요.
Ich soll das Becken entkalken.	세면대의 석회질을 제거해야 해요.
Ich soll Löcher in Holz bohren.	나무에 구멍을 뚫어야 해요.
Die Fliesen müssen neu verlegt werden.	타일을 새로 깔아야 해요.
Das Loch in der Wand muss gefüllt werden.	벽의 구멍을 막아야 해요.
Ich soll Nägel einschlagen.	못을 박아야 해요.
Ich habe eine LED-Lampe gekauft, aber Ich kann sie nicht selbst einrichten.	LCD 램프를 하나 샀는데 혼자 설치할 수 없습니다.
Ich kann keine Lösung finden. Gibt es eine andere Möglichkeit?	해결책을 찾을 수 없습니다. 다른 방법이 있나요?
Welche Internetanbieter gibt es im Hause?	이 건물에 어떤 인터넷(공급자)이 들어옵니까?
Wo finde ich den Waschraum?	세탁실이 어디 있습니까?

어휘 플러스

구멍	das Loch, Löcher	록흐
목재	das Holz	홀쯔
창문	das Fenster, -	펜스터
타일	die Fliese, -n	플리-제
못	der Nagel, Nägel	나겔
벽	die Wand, Wände	반트
벽지	die Tapete, -n	타페-테
구멍뚫다	bohren	보-렌
(바닥에) 깔다, 설치하다	verlegen	페어레겐
밀폐하다	ab.dichten	압디히텐
채우다	füllen	퓔렌
(못을) 박다	ein.schlagen	아인슐라겐
석회질을 제거하다	entkalken	엔트칼큰
떼어내다, 제거하다	entfernen	엔트페어넨

주차장에 이름표가?

독일은 주택 임대와 주차장 임대가 별도다. 즉 주택을 임대했다고 하여 자동으로 집 앞 주차장을 사용할 수 없다. 주택 면적에 자동차가 차지하는 면적이 계산되지 않기 때문이다. 따라서 자가용이 있다면 집을 고를 때 반드시 주차 공간을 함께 고려해야 하며, 일반적으로 주택에 딸려있는 주차장을 함께 임대한다. 임대료는 지역의 부동산 시세에 따라 50~100유로로 다양하다. 자가 주차징 임대료가 부담스럽다면, 지역 내 공용 주차장을 장기임대 할 수 있다. 만약 자가용이 없는데 임대한 주택에 주차장이 포함되어 있다면 수차상만 따로 다시 세를 놓을 수 있다.

공휴일과 축제

독일은 연방제 국가이기 때문에 각 주마다 공휴일이나 학교 방학일이 조금씩 다르다. 따라서 거주하는 주(州)가 변경되면 공휴일을 다시 한 번 확인해야 한다. 공통 공휴일과 특정 주의 공휴일 모두 새해 첫 날과 통일 기념일을 비롯하여 주로 기독교와 관련된 명절이 많은 게 특징이다.

❶ 국정 공휴일

1월 1일	새해, 신정	Neuesjahr
부활절 이틀 전	성 금요일	Karfreitag
부활절 하루 뒤	부활절 월요일	Ostermontag
부활절 39일 뒤	예수승천일	Christi Himmerfahrt
5월 1일	노동절	Tag der Arbeit
10월 3일	통일기념일	Tag der Deutschen Einheit
12월 25일	성축일	Weihnachten
12월 26일	두번째 성축일	Zweiter Weihnachtsfeiertag

❷ 특정 지역의 공휴일

1월 6일 공현대축일 Heilige Drei Könige
– 바덴뷔템베르크, 바이에른, 작센안할트

부활절 60일 뒤 성체축일 Fronleichnam
– 바덴뷔템베르크, 바이에른, 헤쎈, 노르트라인베스트팔렌, 라인란트팔츠, 자를란트

8월 15일 성모승천대축일 Mariä Himmelfahrt
– 자를란트

10월 31일 종교개혁 기념일 Reformationstag
– 브란덴부르크, 메클렌부르크포어포메른, 작센, 작센안할트, 튀링엔

11월 1일 만성절 Allerheiligen
– 바덴뷔템부르크, 바이에른, 노르트라인베스트팔렌, 라인란트팔츠, 자를란트

11월 23일 속죄의 날 Buß- und Bettag
– 작센

* 이상은 해당 주에서만 공휴일

❸ 음악 축제

여름휴가 기간인 5~7월 사이에는 대규모 음악 축제가 독일 곳곳에서 열린다. 매년 축제 기간이 조금씩 달라지니 미리 일정을 확인하고 가는 게 좋다. 티켓 예매가 필수인 축제가 대부분이므로 음악 팬이라면 표 예매를 서두르자. 아래는 매년 최종 방문객 수가 10만명 이상인 독일의 음악 축제들이다.

축제명	음악장르	개최지	날짜
Maiwoche 마이보헤	(매년 다름)	Osnabrück	5월
Bochum Total 보훔 토탈	록	Bochum	7월
Schlagermove 슐라거무브	록	Hamburg	7월
Sound of Frankfurt 사운드 오브 프랑크푸르트	록	Frankfurt a. M.	7월 첫째주 토요일
Das Fest 다스 페스트	록, 팝, 일렉트로닉, 힙합	Karlsruhe	7월
Schlossgrabenfest 슐로쓰그라벤페스트	록	Darmstadt	5월 마지막 주말
Düsseldorfer Jazz-Rally 뒤셀도르퍼 재즈-랠리	재즈	Düsseldorf	부활절 주
Rock am Ring 록 암 링	록, 랩, 메탈	Nürnberg 일대	6월
Rheinkultur 라인쿨투어	록	Bonn 일대	7월
Rock im Park 록 임 파크	록	Nürnberg	5월
Bardentreffen 바르덴트레펜	포크, 세계음악, 록, 팝	Nürnberg	6월
Breminale 브레미날레	록, 팝, 재즈, 일렉트로닉, 힙합	Bremen	7월
Zelt-Musik-Festival 첼트-무직-페스티발	팝, 클래식, 블루스, 재즈, 록, 가요	Freiburg im Breisgau	6~7월
Africa Festival 아프리카 페스티발	세계음악	Würzburg	5월

* 축제일은 매년 조금씩 변경된다.

대사관 및 비상연락처

● 공관연락처

기관	주소 / 도시	전화번호
주독 대한민국 대사관	Stuelerstr. 8-10. 10787 / **Berlin**	+49 30 260650
주독 대사관 분관	Mittelstraße 43, 53175 / **Bonn**	+49 228 943790
프랑크푸르트 총영사관	Lyoner Str. 34, 60528 / **Frankfurt a. M.**	+49 69 9567520
함부르크 총영사관	Kaiser-Wilhelm-Str. 9, 20355 / **Hamburg**	+49 40 650677600
외교부 영사콜센터	–	00 880 2100 0404

● 비상연락처

경찰서	110
응급구조	112
해상구조	(유선) 0221 91749939 / (휴대폰) 124124
비상시 약국 찾기	(유선) 0800 00 22833 / (휴대폰) 22833
비상시 의사 찾기	116117

* 한국에서 전화할 땐 독일 국가번호 49 추가

• 자동차 고장 관련

ADAC	(유선) 01802 22 22 22 / (휴대폰) 22 22 22
AvD	(독일에서) 0800 990 9909 / (해외에서) +49 69 6606 600
ACE	0711 530 343536
ARCD	09841 40949

• 신용카드 관련

중앙 비상망	116 116
EC-Karte(독일 지로콘토 카드)	+49 1805 021 021
VISA Card	0800 811 8440
Master Card	0800 819 1040